云南史话

世居少数民族系列

云南省社会科学界联合会 组编

“云南史话·世居少数民族系列”

编委会

纳西族史话

杨福泉　编著

云南出版集团
云南人民出版社

图书在版编目（CIP）数据

纳西族史话 / 杨福泉编著 . -- 昆明：云南人民出版社，2023.7
（云南史话 . 世居少数民族系列）
ISBN 978-7-222-19262-1

Ⅰ . ①纳… Ⅱ . ①杨… Ⅲ . ①纳西族 - 民族历史 - 云南 Ⅳ . ① K285.7

中国版本图书馆 CIP 数据核字（2021）第 003059 号

出 版 人：李银和
统筹编辑：马维聪
责任编辑：刘诚林
责任校对：欧　燕
责任印制：代隆参
装帧设计：赵　丹

纳西族史话
NAXIZU SHIHUA
杨福泉　编著

出　版　云南出版集团　云南人民出版社
发　行　云南人民出版社
社　址　昆明市环城西路 609 号
邮　编　650034
网　址　www.ynpph.com.cn
E-mail　ynrms@sina.com
开　本　720mm × 1010mm　1/32
印　张　8
字　数　108 千
版　次　2023 年 7 月第 1 版第 1 次印刷
印　刷　云南速盈印刷有限公司
书　号　ISBN 978-7-222-19262-1
定　价　38.00 元

如需购买图书、反馈意见，请与我社联系
总编室：0871-64109126　发行部：0871-64108507
审校部：0871-64164626　印制部：0871-64191534

云南人民出版社微信公众号

总 序

七彩云南，气象万千。

这里东连黔桂，西邻缅甸，北靠川渝，南接越南、老挝，是祖国大陆通往南亚东南亚、出印度洋的枢纽和大通道。特殊的地理，悠久的历史，孕育了深厚的文化底蕴，创造了丰富多彩的灿烂文化，云南成为中华文化同南亚次大陆文化、东南亚文化交汇的区域，是文化交汇、融合、多样性的现代范本。

这里山川纵横。横断山、哀牢山、无量山、云岭、乌蒙山等山系支撑起祖国西南辽阔的天空。这里碧水荡漾。滇池、洱海、抚仙湖、程海、泸沽湖、杞麓湖、异龙湖、星云湖、阳宗海等湖泊，像一颗颗璀璨的明珠，镶嵌在云南高原上。这里江河澎湃。金沙江、澜沧江、怒江、红河、珠江、伊洛瓦底江等六大水系连通各民族共同的家园。这里是植物王国、动物王国、有色金属王国；这里气候温和、四季如春，是世界花园。

这里历史悠久。元谋人从170万年前的远古走来。战国中晚期庄蹻入滇，第一次连接了楚文化与滇文化。秦开五尺道、汉习楼船，云南正式纳入祖国版图。唐宋时期，南诏、大理国文化彪炳史册。元初正式建立行省。明清时期，云南经济社会得到长足发展。20世纪初，云南各族人民打响了护国起义第一枪，巩固了辛亥革命成果。在抗日战争中，几十万云南各族儿女征战沙场，扬我国威。西南联合大学谱写了世界教育史上的奇迹。

在这片红土地上，传承着红色文化基因。走出了王复生、王德三等早期马克思主义播火者，走出了无产阶级军事家罗炳辉，中华人民共和国国歌的作曲者聂耳，马克思主义大众化的中国第一人、我们党思想理论战线上的忠诚战士和学者艾思奇。20世纪30年代，毛泽东率领中国工农红军长征过云南，播下了革命火种。40年代后期，中国共产党领导下的滇桂黔边纵队与中国人民解放军，在极端艰难困苦的条件下英勇作战，迎来了新中国的诞生！

这一切，催生了一系列独具特色的历史文化：史前文化、古滇文化、哀牢文化、爨文化、南诏文化、移民文化、护国文化、抗战文化、西南联大文化、红色文化等等。

这里是民族文化的富集区、民族文化多样性的活态博物馆。25个世居少数民族中有15个特有少数民族。民族文化丰富多彩、博大精深、底蕴深厚、特色鲜明。如彝族的毕摩文化，汉传、藏传、南传佛教文化，傣族的贝叶文化，纳西族的东巴文化，哈尼族的梯田文化等，还有各种各具特色的丧葬、婚姻、服饰、建筑、节日、歌舞、生态等文化形态。此外，还有各民族长期以来相互交融、相互学习、共同发展而产生的综合性文化，如茶文化、医药文化、烟草文化、驿道文化、青铜文化、石刻文化等，异彩纷呈，不胜枚举。

云南各民族的优秀文化是中华文化的重要组成部分，是中华文化的瑰宝，是中华民族文化大花园中的奇葩。在长期的发展演变中，在红土高原上，形成了独具特色的历史文化、地域文化、民族文化，其突出特点是多样形态、多元一体、和谐共生。

在经济全球化、文化经济化、经济文化一体化的今天，文化既是社会生活方式，又是一种社会生产力，更是各民族共同的精神家园。在中国特色社会主义进入新时代的历史条件下，要深刻认识文化的作用，把精神的力量转化为物质的力量，把文化的软实力转化为高质量发展的硬实力。

习近平总书记指出："我们要坚持道路自信、理论自信、制度自信，最根本的还有一个文化自信。""要坚定文化自信，推动社会主义文化繁荣兴盛。""没有高度的文化自信，没有文化的繁荣兴盛，就没有中华民族伟大复兴。要坚持中国特色社会主义文化发展道路，激发全民族文化创新创造活力，建设社会主义文化强国。"这是党中央赋予我们这一代哲学社会科学工作者的历史使命。承担起新时代的这一历史使命，必须在新的实践基础上，坚持以社会主义核心价值观引领文化建设制度，推动文化的创新发展；必须深入挖掘传统文化资源，从中汲取历史智慧，引导云南各族人民树立正确的历史观、民族观、国家观、文化观，推动传统文化创造性转化、创新性发展；还必须为各族人民提供丰富的精神食粮，不断满足人民对美好文化生活的新期待。

云南省社科联为贯彻落实党中央关于繁荣发展哲学社会科学的重要部署，传承弘扬云南优秀传统文化，坚定各族干部群众的文化自信，决定组织全省有关专家学者编撰出版“云南史话”系列丛书，分别为地方系列、世居少数民族系列、特色县市系列、民族文化艺术系列、重大历史事件系列等5个部分，每套丛书有20种，共计100种。这是一项规模宏大的系统工程，计划用5年左右时间完成。通过本套丛书，我们将深入挖掘云南宝贵的文化资源，认真梳理云南文化发展脉络，总结云南文化发展的特点及其规律，讲好云南文化故事，把云南历史讲明白，把云南文化讲精彩，把云南文明讲透彻，把云南经验讲深刻，使云南各族人民能够从历史中汲取智慧，从文化中获得自信，从文明中得到滋养，从经验中得到启迪，进一步增强文化自觉、坚定文化自信，正确认识和把握云南在全国发展大局中的地位和作用，立足新发展阶段，贯彻新发展理念，构建新发展格局，开创云南高质量发展的新局面，不断把习近平总书记为我们擘画的蓝图一步步变为美好现实，谱写好中国梦的云南篇章。

是为序。

云南省社科联党组书记、主席　张瑞才

2021 年 2 月

《纳西族史话》简介

这本《纳西族史话》的撰写基于如下几点考虑：

鉴于当下已经有《纳西族史》《纳西族简史》《当代云南纳西族史》《纳西族文化史论》等著作，本书并不计划写成一本纳西族述略，而是突出“史话”的特色，即按照纳西族不同历史时期的发展脉络，讲述一些典型的纳西族历史故事和事件。第一章概说纳西族社会，是一个总体的介绍；第二章从神话、考古和史籍看纳西族；第三章用几个具有代表性的历史故事来看秦汉至唐宋时期的纳西族；第四章通过具有代表性的一些历史故事来看元明清时期的纳西族，包括木氏土司的开放精神和广采博纳各种文化和人才的气度。第五章写了纳西族历史的若干方面；第六章讲了当代纳西族最有成就和特色的文化和旅游的融合发展。

目　录

第一章　概说纳西族社会

族称定义

居住在云南省丽江市[①]玉龙纳西族自治县、古城区、永胜县以及迪庆州维西傈僳族自治县、四川省木里藏族自治县俄亚、盐源县达住等地的纳西人自称“纳西”；居住在云南省宁蒗县永宁、翠依以及四川省盐源县、木里县的雅砻江流域和泸沽湖畔的纳西人自称“纳”或“纳日”（音译为“纳汝”）；居住在宁蒗县北渠坝和永胜县獐子旦的纳西族人自称“纳恒”；居住在云南省中甸县[②]（今香格里拉市）三坝乡的纳西人自称“纳罕”

① 丽江地区已经于2002年12月26日撤地改市。2003年，丽江纳西族自治县分为玉龙纳西族自治县和古城区。

② 中甸县在2002年已经更名为香格里拉县。2014年12月16日已撤县设市，为香格里拉市。本书内容涉及历史上的情况时，仍沿用旧名中甸。

（或译为“纳汗”）；此外，还有少数自称为“玛丽玛沙”（维西县）、“路路”（又音译为“鲁鲁”，丽江塔城、鲁甸等地）。在上述自称中，以纳西、纳日、纳罕、纳恒几种称谓居多，特别是自称“纳西”的人占纳西族总人口的5/6，因此，根据本民族意愿，经国务院批准，于1954年正式定族称为纳西族。“纳”一词有“大”“宏伟”“浩大”“黑”“黑森森”“黑压压”等意思，“西”“日”“罕”等皆为“人”之意。

在汉文古籍中，纳西族的他称有“麽些”“摩沙”“摩挲”“摩娑”等，近现代汉族民间亦曾流行以“麽些”（摩梭）称纳西人。英文、法文将“麽些”（译为moso或mosso）。方国瑜先生认为“麽”或“摩”都是“旄牛夷”之“旄”一词的音变，“些”（读so）是“人”一词之古称。由于历史上的这一他称比较普遍，直至族称正式定为“纳西”之前的20世纪50年代初，各地纳西人填族别时填“麽些”或“摩西”。藏族人则称纳西族为“姜”（Hjang），《格萨尔王传·姜岭大战之部》中的“姜”即指纳西族。“姜”是“羌”的音变。白族自古称纳西族为“摩梭”（麽些）；傈僳族称纳西族为“罗木扒”；普米族称纳西为“娘命”，但通用的他称仍为“摩梭”（麽些）。主要居住在香格里拉市东南部东坝等地的部分纳西人（自称纳西或纳罕）被称为“阮可”（又音译为“若喀”）。

在所有的汉文史籍中，“摩梭”“麽些”“摩挲”等，是对分布在滇川藏地区的现称为纳西、纳、纳罕、纳日等所有族群的称呼，如果按照这个历史文献称谓来定义，“纳学”与“摩梭学”“麽些学”等含义是等同的。上述“纳”族群在 1954 年经国务院批准正式定族称为纳西族（因汉文献所称的麽些、摩挲这个族群中有 60% 自称纳西，当时有的学者认为应该“名从其主”，于是认定族称为“纳西族”）。从对这个“纳族群”认祖归宗（比如他们的迁徙路线、送魂路线等）、语言、宗教等方面的诸多研究成果表明，这个自称中都有“纳”（na）这一词根的族群，是同源异流的一个民族[1]。

分　布

纳西族分布在云南、四川和西藏三省区毗邻的澜沧江、金沙江及其支流无量河和雅砻江流域，在东经 98° 30′ ~102° 、北纬 26° 30′ ~30° 之间，即 3 省区（云南省、四川省、西藏自治区）、6 州市（丽江市、迪庆州、凉山州、甘孜州、昌都市、攀枝花市）和 13 县市区（玉龙县、古城区、宁蒗县、华坪县、德钦县、维西县、永胜县、盐源县、木里县、芒康县、巴塘县、盐边县、香格里拉市）境内，纳西族居住在滇川藏交界的横断山脉地区，背靠青藏高原，面向云贵高原。居住区内有怒江、澜沧江、金沙江、虎跳峡、玉龙雪山、哈巴雪山、梅里雪山、白芒雪山、贡嘎岭等名山大川，山体与峡谷并列，顶峰海拔常在 5000 米以上，个别甚至超过 6000 米，峡谷深切，相对高差极大，平均

---

① 杨福泉：《民族，用历史的眼光解读——关于纳西、摩梭与纳族群的思辨》，《中国民族报》2012 年 9 月 14 日。

海拔为2700米；具有独特的地貌因素，使得气候、植被、土壤乃至整个自然综合体都呈明显的垂直变化；有寒、温、热等气候类型。高寒山区平均气温为5.4摄氏度，金沙江河谷平均气温为14.5摄氏度，丽江坝区和泸沽湖盆地平均气温为12.6摄氏度。

自然资源垂直分布，不同气候地带资源丰富，种类繁多。虽然交通不便，但是由于地处青藏高原和四川盆地、滇中高原过渡地带，纳西族居住地区成为上述几省区各民族相互交往的通道。

语言和文字

纳西语属于汉藏语系藏缅语族彝语支。近年来，我国语言学家孙宏开教授认为纳西族语言处于羌语支和彝语支分界点上，与这两种语言具有双向相似性[①]。划分为以丽江坝区为代表的西部方言和以宁蒗永宁为代表的东部方言。西部方言主

① 孙宏开：《纳西语在藏族缅语族语言中的历史地位》，载《语言研究》2001年第1期。

要通行于丽江、香格里拉、维西、永胜等地。此外，鹤庆、剑川、兰坪、德钦以及宁蒗县永宁坝皮匠村和四川省木里县的俄亚，盐源县的大咀、冷九主和西藏芒康县的白盐井等地也使用西部方言。西部方言分为大研镇、丽江坝和宝山乡等3个土语。

东部方言主要通行于宁蒗、盐源、木里、盐边等地。此外，玉龙县的奉科、维西县的其宗、永胜县的獐子旦也有说东部方言的。东部方言分为永宁坝、瓜别和北渠坝等3个土语。

纳西族有祭司东巴用来书写经书的两种文字。一种是图画象形文字，纳西语称之为“斯究鲁究”（ser jel lv jel）[①]，意思是“木石上的痕迹”，又译为“木石之标记”或“木石之记录”。绝大多数的东巴经用这种文字写成。东巴图画象形文字始于何时，学术界尚无定论，有殷商之前说、唐代说、宋代说、明代说等。从这一种文字性质看，

① 本书中纳西语音译采用的是1957年设计、1981年修订的拉丁字母形式拼音文字《纳西文字方案》。

它是一种兼备表意和表音成分的文字，由象形符号、表音符号和附加符号构成，并以象形符号为主。在象形符号中，包括象形字、会意字、合体字、转意字等字符。这些字符的读音、意义和形体已开始基本固定，并同纳西语中的具体词语有了大体固定的联系，这使它同原始记事的图画字有着明显的本质区别。而形声和假借的表音符号在东巴象形文字中的大量运用也是与原始记事的图画字相区别的重要标志。但是，东巴象形文中也同时保留了很多完整的图画字，不少动物字往往一字二体，一体象全身，一体象局部（局部往往是头部）。这正是文字从象全体到象局部的发展的反映。从文字形态看，东巴象形文是一种正从图画字向象形字过渡的文字，在文字发展史上代表一个特殊的阶段。学者们认为这种文字的形态比苏美尔和巴比伦的楔形文字、古埃及的圣书文字、中美洲的玛雅文字、甲骨文字都更原始，它对人类早期原始图画文字如何演进到象形文字的研究和甲骨文之前汉字发生演变的研究具有十分重要的学术价值。这种文字由于至今还有人能识读和运用，因此在国际学术界有“唯一保留完整的活着的象形文字”之誉。

东巴所使用的另一种文字称“格巴”（ggeq bbaq），是一种表词的音节文字。一个字代表一个音节。格巴文中有些字是独立创制的，有的是从东巴象形文字蜕变而来的，另外一部分则来源于汉字，有的是借汉字的字形和字义，有的是借汉字的字形和读音，有的只借汉字的字形而无音义联系。哥巴文流行的范围小，能识读它的东巴也不多，用它写成的东巴经很少，目前在国内只搜集到二三百册。关于格巴文的创始年代，中国学术界与国外一些学者有不同的看法。中国学者以比较充分的论据从多方面论证了纳西格巴文的创制晚于象形文。国外持格巴文早于象形文观点的主要是美国学者约瑟夫·洛克（Joseph F·Rock）和英国学者杰克逊（A·Jackson）。洛克还根据格巴文与彝文的相似之点提出格巴文的创制早于14 世纪的看法。

中华人民共和国成立后，中央人民政府根据有关民族语文政策和纳西族人民的意愿要求，于1956年6月始，由中国科学院少数民族语言调查第三工作队和云南省民族语文指导工作委员会对纳西语进行了全面的普查工作，经过仔细对比研究，在初步查明方言、土语分布情况的基础上，选定西部方言为基础方言，以大研镇土语为标准音，设计了一套拉丁字母形式的《纳西文字方案》（草案），并提交1957年3月在昆明召开的云南少数民族语文科学讨论会所通过的《纳西文字方案（草案）》，并报经中央民族事务委员会批准试验推行。但自1957年夏季以来，由于受“左”倾思想的干扰，未能在群众中试验推行。党的十一届三中全会以来，少数民族语文工作重新受到重视。1981年，相关部门对《纳西文字方案（草案）》组织修改，在丽江县选点试行，并用纳西文创办了《丽江报》，还编辑出版了各种纳西文的教材、科普读物和民间文学艺术作品，达数十种。这套纳西拼音文字方案，用于小学双语文教学。

居住形式

在多元文化的影响下，纳西族的居住习俗在不同的历史时期发生了很大的变迁。纳西族在古代曾有过“穴居”之习俗，故史籍上以及东巴教中有纳西先民最初曾“穴居”的记载。之后，又将与游牧生活相适应的羊毛毡来制作帐篷的居住习俗。随着纳西族由随畜迁徙的游牧民族演变为以农耕为主的民族后，居住方式也发生了变化，开始建造较固定的木结构民居，从而出现了井干式的木楞房。正德《云南志》记载：“麽些蛮所居，用圆木纵横相架，层而高之，至十尺许，即加椽桁，覆之以板，石压其上，房内四面皆施床榻，中轩火炉，高与床齐，用铁锢，刳木甑，炊爨其上。”乾隆《丽江府志略》下卷也称：“旧时惟土官廨舍用瓦，余皆板房，用圆木四周相交，屋而垒之，高七八尺许，即加椽桁，覆以板，压以石，屋内四周皆木榻，中置火炉并炊爨其上。改流（即“改土归流”）后渐盖瓦房，然用瓦中仍覆板数片，尚存古意。”

传统的木楞房直接以圆木为材料，建造时先平齐木料，在两端砍出接口，然后将圆木首尾相嵌，大小头均齐，构成四面围墙。然后架起檩条，直接铺上长形木瓦，用石头紧压木板。圆木间抹上牛粪或泥，以避风寒。泸沽湖畔纳人的木楞房绝大多数是由四个房屋组成大小不等的四合院，一幢是正房，左面是经堂，右为畜圈，正房对面一坊为两层楼。正房为全家就餐、主妇休息及储存粮食杂物的地方；对面的楼房上分为许多小间，是“阿夏”情人偶居的地方；院内房间布局较为复杂，有主室、上室、下室、后室、仓库等。纳西族将正房称为“吉美”，直译意为“母房”“大房”。祖房是整个家庭住宅的中心。祖房内神龛下设平台型单火塘或双火塘灶，火塘中央埋一个盛有金银、五谷及海贝等物的土碗或陶罐，象征火塘灶的心脏。火塘是人们日常生活和精神文化的一个中心，火塘边的座位与人们的性别角色和家族、家庭的尊卑长幼序列密切相关。如纳人火塘边的尊位属于当家的年长妇女，而丽江、香格里拉等地的纳西人火塘边是东西两端靠近神龛的座位最尊，分别属于家庭男女家长。火塘边供奉灶神、祖先神等。有不准将水泼于火塘、不准跨越火塘、不准用脚踩铁三脚架等种种禁忌。纳西人的人生礼仪和多种东巴教仪式都在火塘边举行。部分丽江山区的纳西族除了保留火塘灶外，还普遍在正房中砌有锅台灶。坝区则已普遍使用单独的厨房和锅台灶烹饪方式。

自明代始，在丽江纳西族中已建盖有宏伟壮观的瓦房，但大多是土司和头目的住宅及寺观庙宇。据传，土司规定，只有管家、大商人才能修建“走马廊”式的楼房，穷人只许盖矮房。木土司为了显示自己的威严，对民间百姓普遍居住的木楞房的尺寸有严格的规定，如木楞房门的宽度约0.8米、高度约1.7米，十分矮小，其中寓有“见木低头”（意为见到木土司必须低头）的意思。另外，土司房屋皆是雕梁画栋，而规定民房的梁头不得画麒麟，只许画狮子头；挂方不得画凤头，只准画白菜头等。

从清代起，随着文化交流的增多和纳西族社会经济文化的发展，汉族、白族、藏族等民族的建筑技术不断为纳西人所学习，“三坊一照壁”和“四合五天井”的土木或砖木结构瓦房建筑在丽江城镇和坝区、河谷区农村流行起来，产生了古朴中透出清幽、恬静中显出古雅的极有特色的民居庭院。门前即渠，屋后水巷，跨河筑楼，丽江古城和不少乡镇民居“家家有院，户户养花”。庭院是民居平面构图的中心，院坝通常用块石、瓦渣、卵石等简易材料，按民间风格铺砌成有象征意义的图案，如“四蝠闹寿”“麒麟望月”“八仙过海”等，体现了多民族建筑艺术融合的特点。农村“三坊一照壁”瓦房的西房、北房为卧室，南房作为畜圈。

纳西族民居在广泛吸收邻近地区白族建筑特点的同时，更多地保留了唐宋中原建筑的古朴特点，如我国著名建筑学家刘敦桢在《丽江古建筑考察》一文中写道：“丽江附近建筑，已完全汉化，但较昆明、大理，保存古法较多，且详部手法极富变化。”“（云南）省内中流住宅，以丽江县附近者，最为美观而富变化。其平面配置，大体以三合院或四合院为基本原则，但天井面积较大，环绕天井之各座建筑，皆具进深颇大之前廊，以备婚丧典礼时设筵宴客之用。正房之方向若采南向，则大门每位于全建筑之东南或西隅，有倒座者，入门即为倒座之走廊；无倒座者，则置大门于东西屋之南次间，或其走廊之南端，皆布局中之特点。墙之结构，于下部数尺累石，上部甃砌土砖，其顶葺以筒瓦。但墙体亦有全用木构者。若墙身过高，则于中部再护以腰檐一列。窗之位置与面积之大小，不为均衡对称所羁束；窗棂之构图，虽以几何形为主，但式样精巧，层出不穷；窗之上部或再施两搭，或设腰檐一层，以防风雪。屋顶结构，几乎为坡度平缓之悬山式，正脊仅覆筒瓦一层但向两端微微反曲，构成十分秀丽之外轮廓线。至两端各施瓦当一枚，若汉阙与汉明器所示；而屋顶两际挑出颇长，其下缀以搏风板及悬鱼，犹存唐、宋遗风。规模较大之住宅，有将中央一间或三间之屋顶，向上提高，而两端次间、稍间之顶降低，如宋挟屋之状。临街之住宅、商店，多数采用楼房，而将屋顶之两际，置于建筑物之正面，利用两际之墙面为窗，以采取光线，尤合实用。此自由配列之窗，及雨搭、腰檐与悬山式屋顶，随需而参差配合，故其外观灵活美观，且不拘一格。我国将来之住建筑，苟欲其式样结构，犹保存其传统之风格，并使之发皇恢廓，适应时代之新需求，则丽江民居，不失为重要参考资料之一也。”[①]纳西族民居还吸收了藏族建筑的一些特点。据当地民间所传，现在纳西族民居中普遍采用的建筑形式之一——蛮楼，就是纳西商人从藏族那里学习的。而在宁蒗县的永宁，香格里拉市的三坝，四川省的木里、盐源等地纳西族中，传统的井干式木楞房民居还十分普遍地保留着。

国家历史文化名城——丽江大研古城典型地反映了纳西人博采众长而形成的高超的建筑艺术，

① 《刘敦桢文集》（三），中国建筑工业出版社 1987 年版，第 334 页。

是中国建筑史上的一个奇观。古城坐落在玉龙雪山下海拔 2400 米的高原台地上，始建于宋末元初（一说建于唐代，即当时的“三赕城”），总面积达 3.8 平方千米。四方街是古城中心，四条干道呈经络状向四周延伸。“城依水存、水随城在”是古城的一大特色。位于城北的黑龙潭为古城的主要水源。潭水由北向南蜿蜒而下，至双石桥处被分为东、中、西三条支流，各支流再分为无数溪流，入墙绕户，穿场走苑，形成主街傍河、小巷临水、跨水筑楼的景象。四方街西侧的西河上设有活动闸门，居民利用西河与东河的高差冲洗街面。众多大小水流之上，造型各异的古老石桥、木桥多达 354 座，使大研古城的桥梁密度居中国之冠。古城的街巷全部用红色角砾岩石（民间称为五花石）铺成，晴不扬尘，雨不积水。

木氏土司在建造自己的宫殿式建筑和古城时，虽模仿中原风格，但又不忘植根于地方和民族传统之中，始终保持自然形态平面，未像大理城等效法中原“方形根基”的传统建筑模式。木府的坐向未按照以“坐北朝南”为佳的中原风水理念，而是根据纳西族喜欢朝向太阳和东方属木等心理（木为纳西东巴教中的神秘崇拜物，亦为皇帝赐予纳西土司之姓），因此有欲得“木”之气而盛的想法，坐西朝东。明末到丽江的大旅行家徐霞客曾记曰：“丽江诸宅多东向，以受木气也。”[①]古城周围也不筑城墙，原因是木氏居于城中，一筑城就将形成一“困”字，无异于把“木”困住。木氏土司这种不想坐井观天、困守边隅，力图容纳百川、海阔天空地发展的想法是与他们广纳天下俊杰、博采众家之长的开放襟怀和明智策略相呼应的。

木氏土司的府第没有落入中原皇宫帝苑“居中为尊”的俗套，僻处城南一隅。而作为全城中心的则是商贾云集的四方街向四方八面辐射。从中可看出古城最初形成于乡村集市，最终也因商业贸易而繁荣的轨迹。

---

① （明）徐弘祖著：《徐霞客游记校注》，朱惠荣校注，云南人民出版社1985年版，第930页。

走进古城，便走进了一座独立不羁的边城。古城有别于中国任何一个王城，未受“方九里，旁三门，国中九经九纬，经涂九轨”的中原建城礼制影响。城中无规矩的道路网，而是依山就水、不求方正、不拘一格地随地势水渠建房布街，房屋层叠起伏，错落有致；道路亦结合水系顺势而建，曲径通幽，不求平直，形成空间疏朗和谐的街景。在纵横交错的大街小巷中又常常别开生面地辟出宽阔的街头空地，可供居民茶余饭后休憩，又延伸了古城的集市贸易空间，还使城中建筑物和街道显得舒展有度，整体和谐。整个古城结构自由活泼而充满灵气，既有山城风貌，又有水乡韵味。古城结构空间变化无穷，形式活泼多样，古拙与精巧相得益彰，充溢着自然的灵气。它虽得中原建筑神韵，但又不照搬古代中原王城的建制和模式。在总体结构上，融进了纳西人传统的自然审美观和生活的情调意趣，使其成为一个自然流畅、人情味浓郁的边地古城。

经济制度

一、资源

纳西族聚居区多名山大川，且山区密布云南松、红松、华山松、云杉、冷杉、红杉、铁杉等优质林木，是我国西南的著名林区。玉龙雪山地区有“植物王国”“花卉、药材之乡”的美誉，其高等植物有2000多种，仅杜鹃花就有40多种。森林里有虎、豹、熊、鹿、獐子、野猪、狐狸、岩羊、黄鹰、大雕、白鹤、雪鸡、白鹇、松鼠、鹦鹉等飞禽走兽；出产虫草、天麻、雪茶、党归、贝母、麻黄、木香、杜仲、党参、半夏、白术、茯苓、竹菌等数百种中草药。山区还出产松茸、鸡㙡等多种食用菌和木耳、石花菜、蕨菜、竹笋等。纳西族居住的坝区与河谷区是主要的产粮区，主产小麦、水稻、玉米、油菜、大麦、豆类等。高山作物有荞麦、燕麦、青稞、土豆、大麻等；河谷区有花生、甘蔗、棉花等。经济作物有楸木、漆树、核桃、板栗、桑树、花椒、竹子等，现烤烟种植也有较大发展；水果品种有桃、李、梨、柿、核桃、苹果、梅、杏、石榴、橘子、香橼等。地下资源也十分丰富，历史上，盐源的盐矿、木里的金矿、香格里拉的铁矿、宁蒗的银矿、丽江的铜矿早已开采而闻名，新近开采的有丽江的煤、滑石、大理石和香格里拉的钨矿等。还广泛分布有高原草场，是发展畜牧业的天然资源。

众多的名山大川和独具特色的民族文化形成了十分丰富的旅游资源。自 1994 年以来，丽江等地的旅游业发展很快，丽江已经成为国际上著名的旅游胜地。丰富的旅游资源正日益发挥出旅游资源在当地经济生活中的重要作用，旅游业已成为丽江的重要支柱产业，文化产业和旅游融合互动，也得到长足的发展。

二、生产手段

20 世纪 50 年代以前，90% 以上纳西族从事农业，丽江市古城区和玉龙县的农业人口仍占 85%。各地纳西族的农业发展水平不平衡。处于地主经济形态的丽江等地，农业生产力发展水平与邻近的汉族、白族差不多，深耕细作，普遍施肥，进行耕、耙、平、薅、追肥等程序。生产工具种类多。铁制的工具有各式样的锄、铧、刀、镰、斧等；木制的工具有犁、耙、连枷、水车、风箱等；竹制的工具有各式篮、簸、筛、箕等。水利设施有河、沟、渠、坝、塘等。各村寨有轮班灌溉制度，还有专门的管水员“吉瓜”、护林员“居瓜”和守苗员“拔瓜”。施于农田的肥料主要是畜圈中的有机肥，此外还施火土、沟泥、腐叶、绿叶沤肥等。丽江古城及坝区的菜园耕作十分精细。在宁蒗永宁等领主经济区，其生产力发展较缓慢。生产工具除铁制农具外，还辅以传统的木锄。耕地分为水田、水浇地、旱地和园地等四种。除园地与部分水浇地实行固定耕作外，大部分土地实行轮作与休耕制，山地则采用原始的刀耕火种生产方式。土司禁止在永宁坝种稻谷，故该地只产稗子，且水利设施也较差。

畜牧业是纳西族聚居区农村经济的重要支柱。农户普遍饲养牛、马、骡、猪、羊等，山区农户的畜牧业比重大，各户都有羊群。骡马作为商品，在“七月骡马会”上出售。“丽江马”以“质小而体健，上高山，履危径，虽数十里不知湍汗”而蜚声海内，曾被誉为云南“三宝”之一。马帮是各民族进行商品交换的主要运输方式。猪除自食外，亦作商品出售；羊既作肉食品，其皮还用来制作羊皮袄、披肩等。

地主经济区的手工业，有铜、铁、木匠、皮匠、纺织、染业、泥瓦等十多种。丽江古城（原来的大研镇）80% 以上的人口主要依靠手工业和商业谋生，曾有独立的手工业者 2500 多人、私人木织机 700 多架。在古城有一条专门制作铜器、铁器的金鑫街，并出现了手工工场和行会组织。大研镇所产的铜器（如铜锁）和皮毛制成品（如藏靴、牛肋巴花氆氇）颇有名气，远销滇川藏接壤的民族地区。商业资本有相当程度的发展，在 20 世纪 40 年代，仅丽江大研镇一地的大小商户就达到 1200 多户，并开始出现了商业高利贷者和买办商人。他们近到昆明，远至拉萨、印度等地经商。

在永宁等地，家庭手工业有纺织麻布、酿酒、榨油、制作木竹器等，但尚未从农业分离出来。畜牧业和运输业（马帮）都还从属于农业。

三、生产制度

20世纪50年代以前，各地纳西族社会的生产制度有差异，宁蒗、盐源、木里、维西等地基本上是领主经济；丽江、永胜等地已进入地主经济；丽江古城还出现了资本主义工商业，因此各地纳西族的生产制度存在差异。明末清初，纳西族中出现了土地买卖和租佃。超过总人口40%的贫雇农只占有总耕地面积的20%~30%；占总人口40%~50%的中农，占有总耕地面积的20%~30%，占总人口不足10%的地主、富农占有总耕地面积的30%~40%。此外，藏传佛教寺庙也占有大量地产，一部分系由土司和大地主“捐赠”。丽江巨甸等地还有木氏土司的一些“官地”，是“改土归流”后清政府发还木家的“官庄租米”。木氏把土地的一部分作为自营庄田，由农奴耕种；一部分是农奴的耕食田；大部分作为佃耕地，收取地租。

在永宁领主经济区的农奴制社会中，土司及其血缘亲族组成的司沛等级占有全部耕地的1/3。1953年，丽江纳西族完成土地改革，随着农业合作社和人民公社的建立，土地归集体所有，集体耕种。自1982年以来，纳西族聚居区和全国一样实行家庭联产承包责任制，土地包给各农户经营。

四、分工

性别是纳西族家庭劳动分工的基础。男子主要从事劳动强度较大的犁田、挖田、耙地、播种、伐木、劈石头、狩猎、砍柴、到高山放牛以及制作农具和皮革、铜器等传统工艺品，还有赶马运输、外出经商等；女子从事栽秧、砍柴、拉松毛、薅锄、收割、放羊、放猪、舂米、磨面、做传统食品等。家务活也主要由妇女承担，纳西族妇女的吃苦耐劳品格远近闻名。

五、生产组织

在丽江父系制纳西族社会，传统的生产组织是一夫一妻制的家庭。在宁蒗永宁母系制纳人社区中，母系大家庭则是基本的生产单位。此外，纳西族民间还有传统的农业生产互助组织“合心组”等，通常由相处融洽、关系密切的邻居或亲戚朋友自发组成，一般规模较小，多则十余户，少则四五户。还有互助性放牧组织——“路补”，几户人家的牛羊赶在一起，由各户轮流放牧。

社会组织

家族组织普遍存在于纳西族中。家族由若干户共尊一个始祖的血缘亲属组成。在丽江、维西、香格里拉等实行一夫一妻制的纳西族区，家族依照父系血统组成。丽江纳西族的家族关系有这样一些称呼：“丁吉”（ddee jjiq）、“丁支”（ddee zhi）、“丁化”（ddee hual）和“崇窝”（coq’o）。“丁吉”意为“一家”，指一个家庭。“丁支”意为“一群”，指源自一个家族中有父系血缘关系的家户群。“崇窝”之“崇”是古纳西语，意为“人”，“窝”意为“骨头”，“崇窝”指来自一个“根骨”，即源于一个始祖后裔的若干“支”构成的家族或宗族。

“崇窝”一词与纳西族另一个亲族称谓——“阔”有关。“阔”意为亲族，原意为“栅”，东巴象形文写如“栅栏”之形，可以推知古代纳西亲族最早是设栅栏而居。在丽江山区，现在还可以看到以栅栏圈地而居的住宅形式。“阔”又有“窝阔”与“那阔”之分，“窝阔”即父系亲族，直译为“骨族”；“那阔”是母系亲族，直译为“肉族”。纳西人把父系亲族视为“骨”，把母系亲族视为“肉”。“崇窝”之“窝”即来自父系亲族“窝阔”之“窝”，即父系亲族的根骨，“崇窝”即由一个男性远祖后裔组成的有血缘亲属关系的家族组织。由于社区的变迁发展和人口迁徙等，“崇窝”这一社会组织结构已变得松弛分散，一个“崇窝”一般分布在不同地区的村落中，已看不到一个“崇窝”的所有后裔集中在一个村的情况。由于“崇窝”繁衍发展后居住分散，很多成为远亲，相互间的关系纽带并不是那么紧密，因此，现在很少有整个“崇窝”的共同活动。

现在纳西族家族组织中联系比较密切、有共

同活动和起一些作用的是“丁支”，即由“崇窝”分衍出来的一个祖先的若干后裔构成的一个家户群，各个“支”或同一支家户之亲疏相距三四代至十多代不等，其亲密关系程度以住同一个村或近邻村为条件。他们共尊一个近亲始祖，过去有共同的公地和山林，以及由“崇窝”中委派的护林员。“丁支”还有共同的墓地。有的由“丁支”又依远近亲疏关系分衍为若干家户群，亦各有各的墓地，在同一天扫墓祭祖。过去，“丁支”有共同的祭天场（如果人多，可以分为若干祭天场），在一起祭天；有婚丧、起房盖屋等事时，“丁支”成员互相帮忙；内部纠纷自行调解，涉外事情公推有威信的长者联系解决。族中公认的有威望的长者可以主持祭天、祭祖、调解纠纷、分家等。

在古代，丽江纳西族曾有“梅”（meiq）、“禾”（hoq）、“肆”（seel）、“尤”（yeq）等四个氏族，“梅”与“禾”东部方言区的纳西族多数属纳西古氏族“梅”“禾”两支后裔，西部方言区的纳西族多数属纳西古氏族“肆”“尤”两支后裔。在丽江、维西等地的纳西族中，家族之上的氏族组织早已消失。

泸沽湖地区纳人的亲族组织具有比较古老的特征，家族有共同的始祖和家族名称、共同的祭祖活动和公共墓地、少量共有的家族公地、类似家族长的人物——“斯日俄米”、保留着同一家族聚居的血缘村落残余等。

丽江纳西族的父系家庭大多由三四代人组成，五世同堂的不多。子女从父姓，财产由父亲传给儿子，实行父系继承制。分家时，传统习惯是由儿子们均分田地、房屋和大牲畜，而幼子有优先权得到最好的一份田地产。分房子一般也是由幼子占祖房，其他儿子另外择地起房。有女无子的或无子女的家庭，可过继兄弟的儿子。假如要为女儿招赘，必须取得兄弟们的同意，赘婿才能取得继承权。绝嗣家庭的财产，由本族近亲继承。

在受儒家封建礼教影响深的丽江纳西族中，妇女过去在家庭和社会上的地位低下，一般无财产继承权。此外，还有许多重男轻女的习俗。但在保留传统文化较多的香格里拉三坝等地，虽然同样是父系制社会结构，但妇女在家庭中仍然有比较大的权力。如儿女的婚事，决定权不在父亲而在母亲；女子出嫁时，可以带走平时自己积累的一切个人财物，甚至还可以带走一块田地。家中无男儿时的，女儿可以继承父母的全部财产，族里的长辈无权干涉她的继承权利。

纳西族聚居区主要实行一夫一妻制，结婚一般都要经过定亲、请新娘、举行婚礼等程序。过去有少数“抢婚”和“兄亡纳嫂”的“转房”婚俗，同姓不同宗的人可以通婚，但同一“崇窝”之间禁止通婚；姑舅表和姨表优先婚是过去比较流行的习俗。

纳西族的传统婚礼称为“素字”，意为“迎接生命神”。纳西族人认为每个人都有自己的生命神——“素”。新娘是外来的新的家庭成员，因此，要把她的生命神迎进新郎的家庭，与新郎家里的其他成员的生命神结为一个集合体。整个婚礼过程大体有如下内容：新郎家请东巴择吉日准备生命神之箭、桩、竹篓、塔、桥、梯、石、线等物，接新娘，新娘告别祖灵、娘家亲人及火塘灶，新娘进新郎家后行洗头礼，进母房（祖房）拜火塘灶边的祖灵和神灵。东巴主持举行祭生命神、拴生命线的仪式，这是婚礼的核心内容。届时，在新郎面前放一把木杆秤，在新娘前放一把铜锁和木升。有的地方则是新郎手持生命神之木桩，新娘手持生命神之木塔。东巴边咏诵经书，边在新郎、新娘的额头抹酥油祝福，继而一一抹酥油于母房的擎天柱、神龛、火塘中的铁三脚架、火塘边的男床和女床，以及弓、箭、砍刀、粮柜、铜锁、木升等，并咏诵相应的祈福语。夜幕降临后，由东巴主持举行为生命神插花（纳西语为“素拔处”）的仪式。该仪式整个过程与东巴教密不可分。清代“改土归流”后，流官在丽江纳西族地区“以夏变夷”，大力推行汉族婚俗。久而久之，除一些山区继续保留着传统婚礼外，坝区城乡纳西人普遍行汉式婚礼，订婚遵循周礼的“六礼”，即问名、纳采、会亲（在丽江称之为亲家会）、过门（丽江称请媳妇）、送礼柬、迎亲。在接亲、宴客以及分大小、回门等婚礼程序上，也大量融入汉式习俗。

在封建礼教输入纳西族聚居区之前，纳西族的性爱和婚姻都比较自由。虽然民间有姑舅表和姨表婚等，但只是一种比较宽松的家长议亲制，青年男女还是有恋爱和择偶的权利。“改土归流”后，清廷流官极端强化包办婚姻制，推行“三纲五常”等封建礼教，导致了普遍的殉情悲剧。不能自由成婚的年轻情侣少则一对，多则八对、十对，他们化浓妆、着盛服，在风景优美之处“雍容就死”。中华人民共和国成立后，颁布了新的《婚姻法》（2021年1月1日施行《民法典》后，该法已废止），青年男女得以自由相爱、结婚，殉情悲剧逐渐减少。

泸沽湖地区的纳人同时存在着母系家庭、母系父系并存家庭和父系家庭3种形式，但母系家庭是主要的家庭形式，母系家庭所有成员的世系皆从母，男女成员系由一个或几个始祖母的后裔组成，母系血缘是维系家庭的基础，财产按母系继承，由母亲传给子女、舅传给甥男和甥女。男子在家中的身份是舅祖、舅舅、兄弟、母亲的儿子或舅舅的外甥。每个母系家庭有一个家长，通常由年长或能干的妇女担任。舅掌礼仪、母掌财产是家庭权力和分工的表现。母系家庭的传统观念认为：女子是根种，缺了就断根。如果某个家庭没有女继承人，便要过继养女。一个母系家庭的成员一般都在 10 人以上，多达三四十人。由于这种家庭的全部成员都是母系血亲关系，属于一个亲族，不存在父子、婆媳、翁婿、姑嫂、妯娌等关系，没有外姓，关系单纯，财产属于大家庭所有，所以很少发生闹财产、闹分家的纠纷。

与母系家庭相应的婚姻形式是“阿夏”婚。纳人这种与母系家庭相应的性爱婚姻形式，学术界一般称之为“阿夏走访婚”，或“阿夏异居婚”。

在纳人的走访婚习俗中，缔结“阿夏”情侣关系完全建立在男女的感情、爱情上，性关系的建立和终止都完全取决于当事人的自由意志。情感第一，好合好散。两情相悦走到一起，生儿育女，在一起的时间或许数天数月数年，或许十多年乃至数十年；如果两人的感情已到尽头，便相互道一声珍重，豁达平静地分手。两人所生的子女将留在女子的家里，成为母系家庭的一员，血统将随母系。这种基于两情相悦的“走访婚”不受世俗的家规、族权、神权等限制，没有如一夫一妻制婚姻与经济利益等之间千丝万缕的利害冲突。

纳人的母系制和“走访婚”对人类婚姻史和家庭史的研究有重大的学术价值，它在迄今所有的人类婚姻和家庭形式中，是一种非常独特的方式。

此外，纳人的母系制文化在增强家庭和社会群体凝聚力、制约个人占有欲恶性膨胀、促进两性平等互敬、推进社会安定和谐与社区内人际关系和睦友好、减少性和婚姻纠纷等方面，都有非常突出、独到的功能。

过去，四川木里县俄亚纳西族、香格里拉三坝纳西族和丽江宝山等地纳西族都有女子婚后长居娘家、有小孩后再到夫家定居的习俗。

社会与地缘集团在 20 世纪 50 年代以前，泸沽湖地区纳西族存在着“司沛”（官家）、“责卡”（百姓）和“俄”（俾子，含有奴婢之意）等三个等级。司沛是从土司家庭中分衍出来的血缘亲属，属贵族统治集团。

第二章　从神话、考古和史籍看纳西族

神话中的民族远祖认同

除了考古和文献记载之外，每个民族都有一些口述资料来讲述自己民族的来龙去脉，常常是用神话和传说作为载体。这也是探究一个民族的来龙去脉和认同意识的重要依据，而过去的历史研究常常忽略了这方面的内容。纳西族人对本民族的来历有一种基于神话传说的全民认同。纳西族创世史诗《崇般图》（人类迁徙的来历）中说，远古大地爆发了滔滔洪水，纳西男祖先崇仁利恩得到创物神美利董阿普的启示，钻进牛皮缝制的皮囊里躲过了洪水浩劫，而且在牛皮囊里留下小鸡、小狗、小山羊、五谷种、金火链等，使他在洪水后能继续生活。他孑然一身，请求创物神美利董阿普给他介绍一个女伴。美利董阿普告诉高天星岩下有两个女子：一个是横眼睛，心善；一个竖眼睛，貌美。美利董阿普叫他去找那个心善的横眼女做女伴。崇仁利恩心里想：手巧不如心巧，心巧不如貌美。于是他就找回貌美的竖眼女为配偶，结果生下了松树、栎树等植物，熊、猪、猴、雉、蛇、蛙等动物，只好把它们留在了大森林里。

崇仁利恩后来与天神之女衬红褒白咪在大地上黑白交界处的一棵梅花树下邂逅，两人一见倾心，情投意合。崇仁利恩于是藏在衬红褒白咪所变的白鹤翅膀下到天神子阿普处求婚。天神不喜欢凡人，但女儿却喜欢这个凡人，而且他的女儿已按“舅父有权先娶姑妈的女儿为儿媳”的习俗而许给了天舅可洛可喜，对此，他也有些无奈，于是想出种种办法来刁难崇仁利恩，想借故拒斥他。崇仁利恩在衬红褒白咪的帮助下，历经爬刀梯、砍林烧树、播种拣种、悬崖脱险、智挤虎奶等种种难关，凭勇气和智慧战胜了天神的种种刁难，最终有情人终成眷属。

这里反映崇仁利恩为娶衬红褒白咪，在她的家里应其父命烧林开荒、撒种盘田、疏通沟渠、收割、晒谷，干了很长时间的活，经受住了岳父的种种考验。这说明纳西族人在过去有过“服役婚”和女婿要经受女方家各种考验的古老婚俗，这是短期从妻居的一种形式。世界各地民族过去都有过古老的“服役婚”，女方用各种方式考验求婚者的生存能力、耐心、毅力等。比如蒙古族英雄史诗里就有女婿在岳父家滞留期间，外出狩猎为岳父家打猎效劳、射猎凶禽猛兽，以及为岳父家驯服野生动物的描述。①

《崇般图》这本经书中还反映了天神（父亲）想把女儿许给门当户对的天舅可洛可喜以及遵从“姑舅表婚”的习俗和索要聘礼这种古代氏族外婚议婚的形式。东巴经的语言中也普遍反映了传

---

① 九月：《试论英雄驯服野生动物母题与考验女婿习俗之关系》，载《中央民族大学学报》（哲学社会科学版）2003年第3期。

统的姑舅表优先婚的习俗。《崇般图》中说：“不是舅父儿，不能占有姑母女。”在东巴经所记载的神话和故事中，情人之间，女称男为“果盘阿古若”（意为白鹤一样美的舅父之子），男称女为“般纳阿尼命”（意为大雁一般美的姑母之女）。

崇仁利恩与衬红褒白咪夫妇从天上迁徙下来时，在太阳里歇息，在月亮中过夜，搭天梯下到居纳世罗神山，再来到大地上繁衍生息，生了3个儿子，老大成为藏族、老二成为纳西族、老三成为白族。纳西族最大的传统节日和东巴教最大的仪式——“祭天”，就是祭祀崇仁利恩、衬红褒白咪和她的父母天神地神，并通过这个仪式向天舅家表示歉意，通过这个神圣的仪式顶住天舅降下的灾祸。《崇般图》还用象形文字记录了纳西族父子连名制的远祖谱系，这种父子连名制的习俗普遍存在于汉藏语系藏缅语族的诸多族群中，南诏王世系也是父子连名制。纳西族木氏土司记载有五十余代父子联名家谱的《木氏宦谱》也把这些神话传说中的纳西远祖认同为自己的远祖。

而这个远祖的认同，与纳西族人的祭天习俗以及人去世后返回“祖先之地”的“送魂”习俗密切相关。

纳西族东巴教中的诸多神话传说记载，纳西祖先从崇仁利恩繁衍到高来趣这一代之后，就发展出了4个古氏族梅、禾、素、尤。纳西族木氏土司的家谱《木氏宦谱》也记载了这个说法。纳西族东部方言区的纳人（摩梭人）的“西”“胡”“牙”“俄”等4个古氏族，与东巴经所记载的4个古氏族是一致的。

考古发现中的秘密

回首每个民族一路走过的路，一路上回荡着一曲曲悲欢离合、沧海桑田的歌。岁月的风雨，淘洗了多少的人和事，留下一缕缕的历史风烟。在时光隧道中，我们追溯纳西族人的历史，展阅这一页页苍黄的历史画卷。

根据历史学家们的严谨考证，纳西先民是从甘肃、青海的黄河湟水流域逐渐南迁到滇川藏地区的古羌人后裔。随着近现代纳西族聚居区大量考古文物问世，人们也开始思考向南迁徙的古羌人与原来居住在这里的土著相融合，后来发展出纳西族的可能性。

丽江古城区坝子的南面，有一条水流幽幽的漾弓江。江边有座与纳西族木氏土司家族的历史相关的“木家桥”。1956 年，考古工作者在这里发掘出三根人类股骨化石，其属于古人类化石。在这里还发现了各种哺乳类动物的化石，其中有斑鹿、水牛和犀牛，这些都是属于现存的物种。这表明这里的地层年代不会早于第四纪更新世中期，可能属于更新世晚期，估计在 5 万 ~10 万年。这证明丽江盆地在冰川后退以后，气候逐渐温热，适宜犀牛、水牛等亚热带动物生存，而一些人类也进入丽江盆地繁衍生息。可见，在远古的年代，这里是一个神奇的世界。

1964 年，在这座木家桥畔又发现了一个人头骨。考古学家认定是一个少年女性的头骨，考古学界将其定义为“丽江人”。丽江人属于人类发展史上的智人阶段。[①] 在丽江人出土处发现鹿、牛和云南早已灭绝的犀牛的动物化石，说明其地质年代为更新世晚期。丽江人明显具有蒙古人种特征。[②] 而在我国广大地区，包括云南邻近一些省份发现的智人阶段古人类，如四川资阳人、广西柳江人和麒麟山人等，都有蒙古人种的特征。这证明，早在一两万年前，南方和西南地区居民和内地居民之间在种族上已经有密切的联系，他们可能就是今天南方和西南各少数民族先民之一。

自 20 世纪 50 年代以来，在纳西族人居住的青山绿水间不断考古发现旧石器和新石器，包括圆柱形石斧、石刀、石镞、石碓以及夹砂灰褐陶器残片等。据研究，这些陶器与后来川西、滇西

---

① 李有恒：《云南丽江盆地一个第四纪哺乳类化石地点》，载《古脊椎动物与古人类》1961 年第 5 卷第 2 期。云南省博物馆：《云南丽江人类头骨的初步研究》，载《古脊椎动物与古人类》1977 年第 15 卷第 2 期。

② 云南省博物馆：《云南丽江人类头骨的初步研究》，载《古脊椎动物与古人类》，1977 年第 15 卷第 2 期，第 159 页。

发现的一些石棺葬出土的器物相似。[1]

与丽江人一起出土的还有一件角器，是以鹿角主干制成的。这也许就是丽江人所制造的工具，它是迄今云南已发现的旧石器时代唯一的角器。[2]

自 1980 年以来，又先后在丽江境内金沙江沿岸的石鼓镇、巨甸镇、热水塘、老八课和永胜县马家河、宁蒗县泸沽湖畔，以及四川的盐源等纳西族聚居地发现了很多新石器文化遗物，包括石斧、石锛、石凿和石网坠等物。

有些考古发现证明了纳西族聚居区有过金石并用的时代，比如在四川盐源县格萨村山脚台地东边地表下 2 ～ 3 米深处，发掘出成排中、小型陶器，在距此不远的地方，还出土了铜器、陶器、石器等，此外还有铜鞘等物。出土的器物有铜柄铁剑、合金黄铜钺、金饰片等。据调查者研究，

---

① 云南省博物馆编：《云南人类起源与史前文化》，云南人民出版社 1991 年版，第 282 页。

② 汪宁生：《云南考古》，云南人民出版社 1980 年版，第 5 页。

格萨村出土的文物大约是西汉时代的器物。铜剑与云南德钦永芝出土者相似，铜柄铁剑与云南晋宁石寨山出土的相似，铜钺与四川木里县博瓦出土者相似。这证实在古代，当地就是滇川间“文化联系的通道”。同时也证实了纳人世居的泸沽湖周围自古以来就有族群繁衍生息，并且创造了文化。[①]

石棺葬的秘密

横断山脉，群峰壁立、江河纵横。自 20 世纪 50 年代以来，我国西南地区从川西北的岷江流域起，西至西藏昌都一带，沿横断山区发现了连成一片的石棺葬。其时代大致从春秋战国到秦汉为止。多数学者认为这种文化的创造者是古氐羌人。这些古氐羌人大约从春秋战国时期就从甘肃、青海一带南下，沿横断山区的各条江河向南、向西迁徙。川滇西部是石棺葬最流行、最集中和发现

① 汪宁生：《云南考古》，云南人民出版社 1980 年版，第 5 页。

数量最多的地区，而目前西藏所发现的石棺葬绝大多数集中分布在由川滇西部高原进入西藏主要通道的沿线范围。茶马古道（亦即今滇藏公路和川藏公路沿线）正好是沿着这一通道行进的。由石棺葬可以证明，以昌都为枢纽的茶马古道路线很早以来就是一条滇川藏三地原始居民沟通往来的重要通道。从考古发现分析，这条通道被开通的时间，至少可上溯到距今 4000 ~ 5000 年前的新石器时代晚期或更早。

2002 年，滇川藏三省区的“茶马古道”考察 3 队，考察当地的石棺葬墓。过去所发掘的纳古石板墓的年代经放射性碳素测定，距今约 2900 年。[①]在海拔 2400 米处，发现山坡上有不少石棺葬石片突露于土层，在离这座石棺葬不远处的高坡上，竖立着一座明朝时木氏土司修筑的碉楼。几个村民从墓中挖到双耳陶罐、牙齿等物。考古学家指出，在四川的巴塘、理塘发掘的石棺葬中，也发现不

① 考古研究实验室：《放射性碳素测定年代报告》（八），《考古》1981 年 3 期。

少这种双耳陶罐，这是滇川藏接壤地区石棺葬的一个突出特色。村民说这座山上有很多这种石棺葬，而纳古行政村梅里石村的半山腰也有石棺葬。纳古行政村的一个纳西村离此地 11 千米，在乡政府所在地附近。该村有相当规模的石棺墓葬群，当地藏族人称这种石棺葬为“特趣”，不知何意。

通过深入研究纳西族与藏族的历史关系，从横断山脉金沙江、澜沧江流域所发现的石棺葬分布及其中的文物发现，石棺葬习俗与古羌人中的牦牛羌、白狼羌以及苯教有密切的关系，而牦牛羌和白狼羌则是藏族和纳西族的共同祖先。

在德钦县纳古所发掘的石棺葬墓中，还出土了大量绿松石珠，有球状、管状及算珠形等不同形状，工艺很考究。根据云南省博物馆考古队发掘后所写的报告，在德钦县纳古清理出的 24 座墓葬中，仅第 22 号墓中就有 600 多颗绿松石。值得注意的是，类似的绿松石珠，又大量见于甘、青地区的齐家文化与玉门火烧沟的墓葬中。绿松石在矿物学上属含水的磷酸铜，通常和铜矿伴生；

和墓葬中的青铜工具一样，都非本地所产，是经贸易而来。石棺墓中的绿松石同青铜器都不是迪庆地区所产，而是从北部四川或甘、青地区交换而来。

绿松石是藏族和纳西族皆喜爱的一种饰物，同时在他们的本土宗教中也有非常重要的意义。纳西族东巴教将银、金、绿松石、光玉髓（又译为墨玉）视为四大宝物和吉祥物，并将绿松石视为有福气、吉祥的象征。

藏族也将绿松石视为吉祥的灵物。法国著名藏学家石泰安（R.A.Stein）在其著作《西藏的文明》中指出："人们经常提到'生命的绿松石'，认为这是家庭的财产，其生产和运气似乎都要依靠此物。"[①]

唐代时的吐蕃有一种"告身"制度，即将不同质料制成的告身赐予贵族和官吏，表示不同等级和官阶。《册府元龟》卷九六一外臣条载："吐

① 石泰安：《西藏的文明》，耿升译，王尧校，西藏社会科学院西藏学汉文文献编辑室1985年编印，第239页。

蕃……爵位以宝珠、大瑟瑟、小瑟瑟……”西方学者沙畹（Edouard Chavannes）认为“瑟瑟”即指绿松石。

石棺葬在西南地区分布很广，特别在现在藏族和纳西族聚居的川西南和滇西北。多年来不断在四川的木里[①]、云南德钦的永芝、纳古[②]等藏族和纳西族聚居的地方发现石棺葬。

位于丽江金沙江河谷的纳西族聚居区也处在这种石棺葬的文化圈内，分别在玉龙县大具乡、石鼓镇至巨甸镇一带的格子、红岩以及丽江坝长水马鞍山山麓皆发现了石棺墓。其中，在石鼓镇格子村发现了大量石棺葬。云南省文物考古队经过考察该村地理环境、自然条件、墓葬的分布状况和墓中出土的青铜器等，得出结论：此处的石棺墓属于战国时期的墓葬。这里依山傍水，地势较高，背后又有

---

① 黄承宗：《木里县发现石棺葬》，载《凉山彝族奴隶制研究》1980 年 1 期。

② 云南省博物馆：《云南德钦永芝发现的古墓葬》，载《考古》1975 年 4 期。云南省博物馆文物工作队：《云南德钦县纳古石棺墓》，载《考古》1983 年 3 期。

取之不尽的板岩石，为古人修建石棺墓创造了极为有利的条件。从石棺葬墓地的密集程度看，这里至少有一两千座石棺墓，可以肯定这是居住在这一带的一个较大氏族的公共墓地。[①]

滇西北最早记载有石棺葬的汉文史籍是清乾隆八年（1743 年）编纂的《丽江府志略》，其中有这样一段文字："石鼓（今玉龙县石鼓镇）之山，峭拔耸秀，又有长江迎面朝来，昔有人谓此为牛眠吉地，欲移防汛衙门于其处，方平基锄地，下有石棺。启石棺再挖，有方铜钉一茎，宽五寸余，挖深至五六尺，此钉不可动摇，遂惊为神异，覆土瘗之。"[②]

据学者研究，吐蕃时期考古遗存与川西、滇西北的石棺葬有很多共同之处。特别值得注意的是，在西藏境内，吐蕃时期的考古遗存分布越往东，

---

① 李锡：《格子石棺墓地考查见闻》，载丽江纳西族自治县志编纂委员会办公室编《丽江志苑》1988 年第 2 期。

② （清）管学宣、万咸燕纂修：《丽江府志略》，丽江县纳西族自治县县志编纂委员会 1991 年翻印，第 339 页。

就越接近川西、滇西北的石棺葬。[①]

从考古材料来看，古羌人除行火葬之外，也使用石棺葬。②《通典》谓："其墓正方，累石为之，状如平头屋。"另外藏族苯教经典《十万白龙》和《色尔尼》等记载，早期信仰苯教的部族在人死后要举行一系列仪式，其中重要的一项就是以"石片为棺"。[③]

苯教在早期是普遍流行于甘、青、藏等古羌人活动区域的一种原始宗教。这种以"石片为棺"的习俗，正反映了古羌人除火葬之外的另一种葬俗，与现在发现于川、滇地区的石棺葬有渊源。

在康（指今四川省甘孜藏族自治州和西藏自治区昌都市这一大片范围）南，先后发现了石棺葬和石板盖土坑墓。它们主要分布在四川省甘孜

---

① 转引自侯石柱《西藏考古大纲》，西藏人民出版社1991年版，第103页。

② 沈仲常、李复华：《关于"石棺葬文化"的几个问题》，载《中国考古学会第一次年会论文集》，文物出版社1979年版。

③ 看王辅仁：《西藏佛教史略》，青海人民出版社1981年版。

州的康定、雅江、新龙、巴塘等县。以及与甘孜州为邻的西藏自治区的芒康、贡觉等县，此外，在四川省凉山彝族自治州的木里藏族自治县和攀枝花市所属的盐边县一带也有发现。民族学家李绍明将康南的石棺葬与四川省阿坝藏族羌族自治州境内的岷江上游石棺葬进行了比较研究，认为其文化总的属于同一系统，但两者存在着许多差异，各具特色。从康南石棺墓中所发现的器物看，它主要是一种青铜器文化。康南石棺墓大约建于战国至秦汉之际，根据《后汉书·西羌传》的记载，此时原居西北河湟一带的羌人，有一次向西南的大迁徙活动而迁徙到康南一带定居的是羌人中与牦牛羌密切相关的白狼部落。

童恩正先生也认为康定以西的雅江、巴塘一线的石棺葬和白狼羌有关，而雅砻江下游木里、盐边一带的石棺葬则可能和笮都夷有关。西汉时越嶲郡以“笮”命名的县有三个，即定笮（在今盐源县）、笮秦（在今盐源县）、大笮（在今盐边县），均在雅砻江下游。他还认为，滇西北横断山高山峡谷区的石棺葬的族属“可能仍然是筰系民族，大致相当于汉代的巂、昆明，魏晋时的‘摩沙夷’，唐代的施蛮、顺蛮、磨蛮、麽些蛮。”[①]而上述这几个地方从古至今都是纳西先民聚居的区域。“筰”在纳西语中有两种意思：一意为“人”，即纳西古音“撮”（coq）。光绪《盐源县志》谓：“筰为夷之自名，今夷谓九所（指盐源之九所土司）曰阿筰，丽江人至今自称为筰。”一个意思是“桥”。《元和志》原三二中这样记载：“凡言筰者，夷人与大江水上置藤桥，谓之筰。其定筰、大筰皆是近水置筰桥处。”

从史书中看纳西族

纳西族人“摩沙”的名称最早明确地见于晋常璩撰《华阳国志》。这本史书记载了公元4世纪中叶以前今四川、云南、贵州三省以及甘肃、

① 童恩正：《试论我国从东北至西南的边地半月形文化传播带》，载《文物与考古论集》，文物出版社1986年版，第17—43页。

陕西、湖北部分地区的历史、地理等状况。该书中的《蜀志》“越嶲郡定筰县”[①]词条中载：“县在郡西。渡泸水（即雅砻江），宾刚徼，（日）摩沙夷。”“摩沙”就是“麽些”（纳西）名称最早的记录。“摩沙”意为“摩”族，以“旄”得名[②]，即与旄牛羌（夷）有关。由此我们知道定筰县当时已是纳西先民的聚居之地。《后汉书·西南夷传》中还记载了筰都夷皆“被发左衽”。被发即散发，不作髻，是羌人的传统；左衽指瓣襟向左掩。两汉时期，越嶲郡所属的领县均有遂久。遂久（今丽江市）是今天纳西族的主要聚居区。据《元史·地理志》记载，约在西晋初年，丽江巨甸就已有纳西先民居住并已发展出一定的势力。

越嶲的羌人将“氂牛种”称为“越嶲羌”。这样，河湟地区的部分羌人南迁，散布到我国西部的广

① 两汉越嶲郡有定筰、筰秦、大筰诸县，其地为今雅砻江流域一带。

② 方国瑜：《麽些民族考》，载《民族学研究集刊》1944 年 4 期。

大地区，使这一带地区同族部落的人口增多，大渡河、雅砻江流域一带成为他们新的游牧地，进一步开发和繁荣了这一带地区。

《华阳国志》记载：蜀国将领张嶷来到定笮，“夷帅狼岑盘木王舅不肯服”。这个说法也在《三国志·蜀志·张嶷传》中看到，书中称：“定笮豪帅狼岑、盘木王舅，甚为蛮夷所信任。”他们居住在定笮的年代可能很早，因此有强大的势力。据纳西族木氏土司家谱《木氏宦谱》的记载，他们的祖先是居住在笮的摩挲人，曾经担任过昆明总军官一职，传到唐武德（618—626年）时的叶古年，已经有十七世。从这个记载中，可知在公元2世纪末，定笮境内已经有摩挲酋长，与《三国志》记载相合。这也是这一带的石棺葬与纳西先民有关的重要证据之一。

据民族学家李绍明先生调查，现在康南的藏族人，仍然称巴塘南部白松乡一带的纳西族以及丽江一带的纳西族为“羌巴”，“羌”为族称，“巴”是“人”的意思，“羌巴”即“羌人”。更值得注意的是，康南藏族将巴塘石棺墓的主人称为羌巴。[1]

《藏汉大辞典》编辑组的达华先生告知李绍明先生，在巴塘一些地方，本地人又将“羌巴”读作“均巴”或“降巴”。这里的“羌”“降”与藏族人对纳西族的普遍称谓“姜”是同一个语词。作为姓氏的“姜”和作为部落名的“羌”二字，在中国古音上是一致的。殷墟文字的“羌”从人，是部族；周代史书上的“羌”从女，是姓氏。“姜”与“羌”互通互用。司马彪和范晔都认为“西羌之本，出自三苗，姜姓之别也”[2]。

羌人为姜姓。“‘绛’（或‘姜’Hjang）是藏族对纳西族的称呼。‘绛域’即纳西人地区，在滇西北一带，藏文经典中常常提到此地有一古国，名曰绛域。”[3]

① 中国社会科学院四川民族调查组：《甘孜藏族自治州巴塘县解放前历史概况》，1959年油印本。

② 马长寿：《氐与羌》，上海人民出版社1984年版。

③ 马长寿：《南诏国内部族的形成和奴隶制》，上海人民出版社1962年版，第67页。

《西藏王统记》译“绛域”作“蒋域”。南诏于铁桥设剑川节度，“剑”是“绛”的译音，“川”指地方。据笔者在香格里拉市、德钦县和西藏芒康县、左贡县、类乌齐县、丁青县等藏族聚居区的调查，藏族至今仍称纳西族为“姜”（绛），由此也可证当时“绛域”所指的应是麽些人（纳西）所居住的领域。

上面提到的石棺葬习俗与古羌人中的牦牛羌、白狼羌以及苯教有密切的关系，而牦牛羌和白狼羌则是藏族和纳西族的共同祖先。[①]

迁徙与灵魂的回归

纳西族东巴教象形文字典籍和民间流传的传世神话中经常提到一个神湖，叫美利达吉恒。较多的学者认为，纳西族渊源于远古时期居住在我国西北河（黄河）湟（湟水）地带的古羌人，以后向南迁徙。学者们根据纳西族迁徙的民间口碑

---

① 杨福泉：《纳西族和藏族的历史关系研究》，民族出版社 2005 年版，第 25 页。

和史料传说，普遍认为青海湖就是纳西族东巴教中经常提到的神湖——美利达吉恒。而最新的一些研究表明，冈仁波齐神山下的玛旁雍错湖也与传说中的纳西神湖——美利达吉恒密切相关。

千年历史已如风而逝，而先民的生活踪影和秘密，却留在了大地的怀抱中。青海乐都柳湾博物馆里收藏了很多与纳西先民有密切关系的远古秘密，比如新石器时期原始社会氏族公共墓地的彩陶，上面有藏族苯教和纳西东巴教“教符”的“卍”字符。藏族和纳西族都是古羌人的后裔，都曾繁衍生息在这片区域。这个最初象征太阳的神秘符号与苯教和东巴教的“教符”一脉相承、渊源深远。

公元前4世纪初，羌人无弋爰剑的后裔自甘肃、宁夏、青海一带的河湟地区迁徙南下，逐渐来到岷山以东至金沙江畔，发展为武都、广汉、越嶲诸羌部落，与《史记》所载的嶲、昆明相接，是羌人南下较晚的支系。[1]纳西先民即早期活动于

---

① 《中国大百科全书·民族卷》，中国大百科全书出版社1986年版，第500页。

黄河、湟水流域的古羌人。纳西人的祖先从黄河与湟水流域向南迁徙，风霜雨雪，餐风饮露，漫漫旅程，不知经历了多少的艰难险阻，才逐渐迁徙到四川的岷江上游，又继续向西南方向迁徙，来至四川的雅砻江流域，接着再向西迁徙到金沙江上游的东西地带。在迁徙的过程中，有的部落在这些江河流域地带选择适宜人居的地方安居；而有的则继续往前迁徙，寻找安居乐业之地。至今，纳西族大都分布在这几条江河流域，繁衍生息，逐渐形成了纳西族的各个支系。

纳西族有传统的“送魂”习俗和东巴教仪式。族人去世后，要请东巴举行隆重仪式，展阅十多米长的“神路图”，送死者的灵魂回归“祖先之地”，而这祖先之地正是纳西远祖繁衍生息的地方。东巴圣典歌咏祖先之地：

那里有青青的树林和草甸，白鹤和黑雁在白云悠悠的林子里下蛋，那里红色的老虎和白色的马鹿在跳跃，那里五彩的鸟儿飞翔歌唱……

这一山中灵界平和安详。具有牧歌情调的山乡在大自然的怀抱中。祖先们过着完全和在世时一样的田园生活。东巴经《雌逸姑树腊》中记载：

在梅氏族祖先所住的地方，老虎在山上跳跃；在束氏族祖先所住的地方，青草铺满大地，白鹤在那里下蛋；在尤氏族祖先的住地，毛毡铺着大地，白鹿在山上游逛；在伙氏族祖先所住的地方，人们住在白毡房里，牦牛在山上嬉戏。祖先所住的地方，日月星辰闪耀着灿烂的光芒，已去世的祖先们在那里盖房、纺织、收种庄稼、挖沟理渠、放牧。

东巴经中所描述的祖先之地是一幅纳西先民狩猎游牧生活的真实图景，与东巴经中所描述的纳西远祖的生活情景十分吻合。

东巴经比较详细地记载了纳西族人送魂路线与站名。各地纳西族民间也流传着各种先祖迁徙路线的传说。东巴祭司要准确地把逝者的灵魂一站站地送回去。这些民间记载的送魂路线都是追溯纳西族迁徙历史的重要资料。因为这一条送魂的路线，实际上是纳西族先民的迁徙路线。送魂路线中的很多站名都与川滇藏纳西族活动区域的古今地名相对应。

值得注意的是，无论是丽江的“纳西”、香格里拉三坝乡的“纳罕”和永宁的“纳人”，这些纳族群送死者灵魂回到“祖先之地”的送魂路线都是一致的。有些短程的路线虽有差异，但到了四川木里的远程路线却又总归为一，最后送魂的终点站都称之为“司布阿纳瓦”（或译为“斯波安纳瓦”），这说明“纳西”和“纳”“纳罕”“纳恒”等族群是同源同宗的民族。从各地纳西族迁徙路线的记载看，纳西族先民从甘肃青海高原迁徙到现在的分布地区是有多条迁徙路线的。很多地方的纳西族都认为他们是从北方一座叫居那什罗的神山上迁徙下来的。直到现在，纳西族人依旧以传统母房（正房）中被称为“擎天柱”的中柱象征这座神山。从各种材料中看，居那什罗神山与纳西族迁徙路线密切相关。在纳西族创世史诗《崇般图》中讲到，纳西族始祖崇仁利恩娶到天神之女衬红褒白咪后，两人从天上迁徙下来，经过在天上的最后一站后，沿着白银梯子，紧握金子攀绳到达了居那什罗神山，接着从山顶到山腰，从山腰到山脚。由此也可见居那什罗神山的原型可能是纳西族祖先原来生活区域内的一座山，纳西族先民在高山崇拜的宗教意识下把它神化了，并且逐渐融入昆仑神话和冈底斯山神话的元素。

第三章　秦汉至唐宋时期的纳西族

略说秦汉至唐宋的纳西族

秦汉至唐宋时期（前221—1279年），纳西族先民分布在现今四川省凉山彝族自治州西南部、攀枝花市盐边县、雅安地区和甘孜藏族自治州南部以及云南省西北部地区。根据《后汉书》《三国志》《华阳国志》等书的记载，汉代时居住于越嶲郡的纳西族人称为牦牛种；蜀汉时居住于汉嘉郡的纳西族人称为旄牛夷；晋代居住于定筰的纳西族人称为“摩沙夷”。到东汉时，纳西族先民与东汉王朝直接建立了政治关系。东汉永平十七年（74年），川西南白狼夷向东汉王朝奉贡、献诗三章，称为《白狼王歌》，一共有

44句176个字。著名历史学家方国瑜教授研究认为，其中有90多个字与现代纳西语相同或相近。[①]说明白狼夷可能是纳西先民。清末民初汉文史籍和民间传说中多说古白狼国在今四川省巴塘一带。

到了汉晋时期，金沙江和雅砻江流域的纳西族的政治、经济有了较大的发展。定笮一带摩沙夷聚居的地方盛产盐、铁和漆。东汉朝廷派官兵来争夺定笮的盐与铁，于是与摩沙夷发生了战争。史书记载了这些争夺盐池的战争。明代丽江木氏土司所修的《木氏宦谱》对东汉及蜀汉时“摩沙夷”在盐源的活动已有简略的记载。

根据《元一统志》的记载，大约在公元3世纪初期，麽些蛮酋长蒙醋醋，侵夺“濮卢二蛮”所居的巨津州（今丽江市玉龙县巨甸镇）地区而世袭居之，传至元朝初年时，已历三十九世，发展成为气势显赫的“麽些大酋”。公元5世纪后

① 方国瑜：《麽些民族考》，载《民族学研究集刊》1944年4期。

期（约在南朝刘宋末年）[1]，方国瑜先生认为是在公元5世纪后期，约在南朝齐、梁之际[2]，麽些酋长泥月乌率众驱走了原来因占领滇西北而聚居在现在宁蒗永宁一带的吐蕃，世代在此生息繁衍，这就是现在也称为摩梭的纳人。公元6世纪的南北朝梁陈之际，另一支纳西族先民经过四川木里县的无量河流域，南迁到金沙江上游的今香格里拉市东南部的三坝一带，他们是自称纳罕的本地纳西族人。

到了唐代，《蛮书》等史书多称纳西为“麽些”。此时各地纳西族有了比较大的发展。根据《蛮书》的记载，东至今四川省西川地区，南至大理州的宾川，西至澜沧江边的维西一带，北至铁桥上下的德钦、今香格里拉一带，都有纳西族人分布。公元7世纪中期，纳西族部落集团首

---

① 《纳西族简史》编写组、《纳西族简史》修订本编写组：《纳西族简史》，民族出版社2008年版，第30页。

② 参见方国瑜、和志武：《纳西族的迁徙和分布》，载《民族研究》1979年第1期。

领叶古年夺取了“濮獬蛮”所居住的“三赕”。“三赕”又称“样渠头”，三赕在元初设通安州，就是今天的丽江坝。

公元 7 世纪末到 8 世纪初（唐麟德元年前后到开元年间），早就从盐源地区往南渡过金沙江到洱海以东的纳西族人形成了大部落，在今云南大理州宾川县一带建立了越析诏（又称麽些诏），是“六诏”之一，一度很强大，冶炼技术也达到较高水平，他们所制造的兵器“铎鞘”名震六诏，史称其“所指无不洞”，《南诏德化碑》中将它称为“宝物”。[①]六诏中最强大的蒙舍诏都十分敬畏越析诏。后来，这个诏的诏主波冲，在唐开元年间，为诏境内的白蛮豪族张寻求所害。唐王朝的剑南节度使巡边来到姚州，杀了张寻求，为了扶植南诏，设计移走波冲的部落，将越析诏的领地并于南诏。波冲哥哥的儿子于赠，率领余部渡过金沙江，回到金沙江之北今属四川省盐边的双舍地区。南

① 《南诏德化碑》原文曰：“铎鞘尽获，宝物并归。”

诏王蒙归义（即皮逻阁）随即率兵迫胁攻打于赠，但一次次被于赠击败。后来，皮逻阁之子阁逻凤请求代父讨伐，首先击败了于赠的另一部落杨堕，于是于赠失败，投金沙江而死。纳西族人所建的越析诏被南诏所灭。越析诏的兴盛前后约 70 年。据《蛮书 · 六诏第三》的记载，南诏灭越析诏是南诏发展史上的大事之一，《南诏德化碑》曾因此大书特书，可见越析诏曾经是南诏十分畏惧的一个大敌。

公元 7 世纪，战云密布，烽烟再起，崛起于青藏高原的吐蕃势力开始向东南扩张，于唐调露二年（680 年）“并西洱河诸蛮”，“浪穹州蛮酋傍时昔等二十五部先附吐蕃”[①]。吐蕃势力也进入了麽些人居住的领域。唐朝和吐蕃以大渡河为界，麽些人的聚居地属吐蕃管辖。同年，吐蕃在今丽江塔城设立了神川都督府和“铁桥节度”。麽些人聚居的大部分区域都在这个辖区内。

① 苏晋仁编:《通鉴吐蕃史料》，西藏人民出版社 1982 年版。

唐代，在纳西（麽些）人居住的地区称为城的就有铁桥西城（今丽江塔城）、铁桥东城、三赕、昆明城（今四川盐源）、台登城（今四川冕宁）等。唐代将流经这一区域的金沙江称为麽些江，说明纳西（麽些）人在金沙江流域分布的盛况和影响。唐代，纳西人所分布的地区处在唐、南诏、吐蕃三个政权之间，因有铁桥之险和盐、铁之利，成为这三大力量的逐鹿中心。麽些部落在动荡多变的政治环境中，与各方都有较多的经济文化交流和矛盾纷争，在复杂的政治格局中艰难地寻求自己的发展道路。

据历史学家的考证，麽些人所居住的地区有很多著名的盐池、盐对人的生活来说至关重要。随着吐蕃势力进入滇、川地区后，吐蕃和麽些人就围绕盐池发生了利益冲突，连续发生了争夺盐池的战争，这一历史上的纷争曲折地反映在藏族著名的英雄史诗《格萨尔王传》中的“姜岭大战之部”中。藏族民间流传着姜岭两国争夺对方拥有的盐池的不同版本。

虽然有争夺盐池这样的利益之争，但纳西人在这段特殊的历史时期，处在吐蕃与南诏这两大势力之间，不得不小心翼翼地周旋，在夹缝中生存，和这两大势力力图保持一种均衡的关系。纳西与吐蕃上层之间相互通婚，结成了政治上的联盟关系。唐代，在“苯佛之争”中失势的不少苯教徒被放逐到滇川纳西族地区，传播苯教，苯教和纳西人的本土原生性宗教相融合而逐渐形成了东巴教。唐代，有的麽些部落与南诏也保持着很好的关系，包括上层之间的通婚。唐代诗人白居易的《蛮子朝》中写道：南诏王子到京城长安朝拜唐朝皇帝时，其导从是“摩沙”（纳西）人。置于吐蕃铁桥节度势力范围的核心地带的塔城、盐源一带的麽些部落，与吐蕃的政治联盟关系要比丽江坝区的麽些部落更为密切。

宋代，纳西族分布区属大理国管辖，但不少地区的纳西族土酋各占一方，发展自己的势力，大理国不能有效地加以控制。在大理国时期，麽些（纳西）地区的政权并不是统一的，从《元史·地理志》和《木氏宦谱》看，有三种情况：

一是大理国直接统治的地区。如“大理西北陬要害地，麽些大酋世居之巨津（今丽江巨甸镇）”“大理极边险僻之地，居民皆麽些二种蛮”的临西（今维西傈僳族自治县）和“世属大理”的永宁等地。

二是今属四川省的盐源地区，虽然是属于大理国管辖的范围，但由于当时麽些（纳西）土酋势力强大，大理国的实际管辖难以深入到这些地区，即史书所说的“大理不能制”之地。

三是丽江。根据《木氏宦谱》的记载，木氏祖先剌土俄均在“唐昭宗天复二年（902年）郑买嗣篡灭了蒙氏（即南诏），遂不附郑矣”。他有六个儿子，都被分封到各地区统领该地各民族的部落。“当宋仁宗至和中，更立摩娑诏大酋长，段氏虽盛，亦莫能有”，这指大理国国王段氏虽然强大，但也控制不了纳西土酋。北边的吐蕃则长期内乱频繁，无力南下。纳西族地区处于相对安定的局面，人口、经济和文化都得以发展。[①]

据《元一统志》记载，宋末元初时的丽江、巨甸一带已经是“民田万顷”“土地肥饶”“人资富强”。史载当时的纳西土酋牟保阿琮（麦宗）创制“本方文字”，学术界认为这可能是音节文字“哥巴文”。宋代是纳西族分布区和平宁静、本土文化得以长足发展的一个历史阶段。

方国瑜教授说：“自晚唐咸通年至蒙古兵入云南（公元9世纪中期至13世纪中期）约四百年间，封建王朝敌视西南，即受‘异内外’、‘夷夏大防’之说所支配，使西南长期处于所谓‘欲寇不能、欲臣不得’之局面。虽统治者之意图不能改变历史发展之主流，唯其影响恶劣，为此时期西南历史之严重问题。”“唯自唐以后，全国形势历经五代十国，继之宋辽与宋金对立，数百年间，中原王朝统治势力与大理段氏之联系稀疏，

① 参看郭大烈、和志武：《纳西族史》，四川民族出版社1999年版，135—136页。

为时势所使然也。”[①]

明《万历云南通志》卷十四曰：“有宋三百年间，弃南中[②]为异域，片言只字，鲜能有存，遂使两汉风猷，斩然莫继……”《滇载记》载：“云南三百年不通中国，段氏得以睨临僰爨以长世焉。”

从以上史家的论述中，可以看出晚唐至元代以前这一漫长历史时期中，云南与中原关系疏远，此时期未产生外来文化和政治制度、典章礼制与当地文化强烈碰撞而产生的社会和文化变迁。丽江作为云南的一个重要组成部分，当时亦处于与外界远隔、民族文化和传统平静发展的状态。如方国瑜教授所言：“故自南诏以后，麽些之境，大理不能有，吐蕃未能至，宋亦弃其地，成瓯脱之疆，自为治理，经三百五十年之久。”[③]

① 方国瑜：《云南史料目录概述》（第三册），中华书局1984年版，第1009—1010页。

② 指云南。

③ 方国瑜：《麽些民族考》，载《民族学研究集刊》1944年4期。

塔城铁桥思千

玉龙县塔城乡是笔者研究纳西族文化的田野调查点。这是个神奇的山乡，纳西民间有人人都知道的一句谚语，纳西语叫作“咪根塔展祖”，意思是“女人之星落到了塔城”，指塔城乡美女多。塔城乡纳西族、藏族、傈僳族等民族杂居，各民族相互之间通婚的也很多。历史上，塔城著名的东巴也层出不穷，比如清代享有东巴王之誉的东五，就是塔城乡巴甸村人。著名歌手也不断出现，现在活跃在云南歌坛的几位纳西族著名歌手，也都来自塔城。

塔城乡位于玉龙县西北部，离丽江古城 145 千米，是纳西族最早的居住区之一，在中国西南史上声名显赫。隋朝时，有位叫史万岁的将领受命南征云南土著首领爨翫，相传史万岁在现塔城乡的塔扎村境内修建了一条横跨金沙江的铁索桥，以利军队行动和军需往来，历史上称这座桥为“万里长江第一桥”。

诸多后人都要去史上有名的“万里长江第一桥”遗址看看，凭吊千年前纳西族历史上一段悲怆的史事，也凭吊这座闻名遐迩、如今沉入江底已经千年的铁索桥。常听人说，当江水至清时，尚可看见沉没江底的巨大铁索。可现在要想在金沙江上盼到清澈见底的江水已非易事，那带着千年前的历史风烟沉睡江中千年的铁索，已永远埋葬在大江深处。

关于塔城铁桥，樊绰《蛮书》卷六记载：“铁桥城在剑川北三日程。贞元十年，南诏异牟寻破东西两城，斩断铁桥。”元《一统志》丽江路古迹条载：“铁桥，在巨津州之北，其处有城，亦名铁桥城，吐蕃尝置铁桥节度于此。桥或谓吐蕃所建，或谓隋开皇三年史万岁及苏荣所立，或谓南诏阁逻凤结吐蕃时所作，岁月日久，故无的说。唐南诏异牟寻叛吐蕃复归唐，唐兵攻破吐蕃断铁桥之后，此桥废，基址尚存。”史万岁建这座铁桥的说法，方国瑜已经论证这是讹传。

刘文征编纂于明朝天启年间（1621—1627年）

的《滇志》中载："铁桥，在巨津州北一百三十余里，跨金沙江。桥之建，或云吐蕃，或云隋史万岁及苏策，或云南诏阁逻凤与吐蕃结好时置。吐蕃尝置铁桥节度，后异牟寻归唐，与韦皋合兵破吐蕃，断铁桥，即此。所跨处穴石，锢铁为之，冬月水清，犹见铁环。"[①]

清朝初年顾祖禹所撰《读史方舆纪要》引旧志云："其桥所跨处，皆穴石熔铁为之，冬月水清，尤其铁环在水底。"可见水清之时，还可以看见沉没江底的铁桥。

当时置于吐蕃铁桥节度势力之下的麽些人区域包括永宁（今宁蒗县永宁乡），永宁在藏语中称"答蓝"（Thar-lam），其意为"通往涅槃之路"（Road to Nirvana）。《元史·地理志》丽江路永宁州曰："永宁州，昔名楼头赕，接吐蕃东徼，地名答蓝。麽些蛮泥月乌逐出吐蕃，遂居此赕。世属大理。宪宗三年（1253年），其三十一世孙和

① （明）刘文征撰：《滇志》，古永继校点，王云、尤中审订，云南教育出版社1991年，第135页。

字内附。至元十六年改为州。”《读史方舆纪要·云南纪要》中亦有相关记载：“永宁府，《禹贡》梁州徼外地。旧名楼头赕，与吐蕃接界，又名荅蓝，后为麽些蛮所据。麽些蛮泥月乌者，逐出吐蕃而居其地。”[①]

塔城铁桥不仅是军事战略要地，而且是周围各民族重要的经济贸易纽带。作为当时纳人主要聚居地之一的铁桥以东从云南丽江、永胜到四川盐源一带，是牛羊遍野的畜牧区。所以历史记载，当时人们赶着羊群来铁桥一带的集市交易，可见铁桥是唐代麽些蛮地区畜产品对外贸易的重要来源和集市所在地。

这条威名赫赫的铁索桥为什么最后沉没江底了呢？这与一段重大的历史事件相关。

纳西人在这段特殊的历史时期，处在吐蕃与南诏这两大势力之间，不得不小心翼翼地周旋。

---

① 方国瑜主编：《云南史料丛刊》（第五卷），徐文德、木芹纂录校订，云南大学出版社 1998 年版，第 777 页。

吐蕃势力大时，南诏王也服从吐蕃，但同时也与唐朝保持联系。由于历史上麽些蛮与吐蕃之间有特别密切的关系，所以南诏对麽些蛮一直都很不信任，充满戒备之心。《新唐书·南蛮上·南诏上》中就记载，南诏王异牟寻担心麽些蛮会当吐蕃的向导，所以“欲先击之”。

唐王朝曾在天宝十年（751 年）发兵攻打南诏，被南诏击败，唐兵死了 6 万多人。南诏投靠吐蕃，在天宝十一年（752 年），吐蕃册封南诏首领阁逻凤为“赞普钟”（意为赞普之弟）。但后来吐蕃和南诏双方也发生种种矛盾，吐蕃在南诏管辖地征收重税，还要求南诏每年为吐蕃出兵效力。双方矛盾日益加剧。天宝战争后不到半个世纪，南诏就开始“弃蕃归唐”。贞元十年（794 年），南诏在洱海边的点苍山神祠与唐朝使臣举行盟誓，南诏之主异牟寻面对天、地、水三大自然神与五岳四渎之灵，率文武大臣发誓，归顺唐朝。

从《旧唐书·南诏传》的记载中，我们可

以看到当时南诏与唐朝联手后进攻吐蕃铁桥节度的过程，当时吐蕃在北方与回纥大战，死伤很重，于是就向南诏征兵，要求出兵万人。异牟寻定好计谋，向吐蕃说南诏兵力弱，只能派兵三千。吐蕃嫌少，要求派五千，异牟寻佯装答应，于是先派兵五千作为先驱赴吐蕃之地，自己则亲自率领数万兵马，悄悄地跟在这五千官兵的后面，昼夜兼程，趁吐蕃没有准备，突袭之，攻陷了十六个城堡，生擒了五个吐蕃大将，俘虏了十万吐蕃兵。然后把塔城铁桥也击沉，这显然是为防范吐蕃日后卷土重渡金沙江来攻打南诏管辖之地。

击断铁桥后，南诏对当时的纳西族先民最大的打击接踵而来。南诏在原吐蕃的神川都督辖区内新设铁桥节度。之后，南诏依照其一贯的做法，进行强制性的移民，比如南诏曾迁西爨之民往永昌，迁施蛮往蒙舍，迁顺蛮往白崖。由于吐蕃神川都督府辖境内很多部落的麽些人与吐蕃关系密切，因此南诏进行移民的主体是当地被视为与吐蕃亲善而可能今后对南诏不利的麽些部落。樊绰《云南志·名类》载："南诏既袭破铁桥及昆明等城，凡虏获万户，尽分隶昆川左右及西爨故地。"《新唐书·南蛮传》亦曰："异牟寻攻吐蕃，复取昆明城以食盐池……因定麽些蛮、隶昆川西爨故地。"从中可知，将近万户，共五六万纳西族先民被南诏强徙于滇池地区。这对当时的纳西族人来说，是元气被重创的历史时期，这应该占了很大的纳西先民人口比例。

我们站在这1000多年前的塔城铁桥遗址处，江水无言静静流，想到1000多年前，南诏强制五六万纳人离开他们的家园，纳人扶老携幼，背井离乡，经历生离死别，不知纳人是聚族而居，还是分而住之。可想而知这些纳人心中的痛楚，离开了世代聚居的地方，离开了自己熟悉的神灵和家园，来到一个陌生的地方。关于这些背井离乡的纳人之后裔的命运，史籍几乎未记载。

离塔城铁桥不远处的巨甸境内金沙江边有个达勒村，相传有个名叫达勒阿莎咪的美女，她的爱情故事在东巴经和民间都有记载和传说。相同的情节是，达勒阿莎咪爱上了一个牧羊青年，但她的父母却把她许配给一个她不相识的人家。出嫁那天，她骑着一匹骡子，走到金沙江边红岩地时，突然想到梳子忘在家里，便回首一望。忽然，左边刮白风，右边刮黑风，黑风白风把达勒阿莎咪及她所骑的骡子吹到对面金沙江边的红石崖壁上。从此，达勒阿莎咪就成为风鬼，永远留驻在石壁上。东巴经和一些民间故事中说，达勒阿莎咪被风与云卷到金沙江边的悬崖上后，她便住在这九十九座白岩七十七座红嘴的悬崖上，住在九层白云和七层风之上。从此她成为云与风之母，领着风鬼、云鬼、毒鬼、争鬼、殉情鬼作祟人间。

与纳西人同属汉藏语系藏缅语族彝语支的云南彝族撒尼人传说中的“阿诗玛”的多种文本都说阿诗玛后来被狂风刮到岩上，变成岩石上的女人或崖神。有的文本中说阿诗玛被卷到悬崖上后，会给人带来祸害，如她叫喊的回声会使人耳聋、耳鸣。[1]很多情节与纳西族阿莎咪的故事相似。阿莎咪与阿诗玛这两个姓名相近，最后又都化身为石人的不幸女子，有着什么神秘的关系呢？这个很相似的故事的传播，是否与唐代纳西族先民被迁往滇中地区有关呢？虽然民间有一些猜想，但是这需要更多语言学、民族志资料等来证实。而1000多年前就被迁往滇中去的纳人的后裔至今如何，仍是个谜。

在塔城铁桥遗址处，有一个碑，上面刻着相关文字。我望着眼前的金沙江，不禁喟然长叹，谨歌吟以记怀：

千年铁桥已无踪，长江无语沉静流。
当年麽些居此地，南诏吐蕃在两头。
夹缝生存多艰辛，左右应对难应酬。
两强争斗狼烟起，战乱烽火映江流。
南诏得胜忌麽些，万户先民被迁走。

① 《阿诗玛原始资料集》，中国民间文艺出版社1986年版，第117页。

美女之乡遭浩劫，元气重创哀离乱。
麽些江上风悲切，塔城故地雁声残。
生离死别骨肉散，一族从此不团圆。
背井离乡走异域，滇中栖身弃故园。
北望雪山家何在，冷月寒星望乡关。
千年风烟如水去，书生江畔叹月寒。

盐池之争

自从吐蕃势力进入麽些人居住的地区后，双方难免因利益和资源的争夺而发生冲突，这突出地反映在双方争夺盐池的战争上。这一历史纠葛曲折地反映在藏族著名的英雄史诗——《格萨尔王传》的“姜岭大战之部”中。

这部宏伟的史诗描写了麽些人的姜国和吐蕃的岭国为争夺盐海而发生的战争，因此该史诗有的抄本又将其命名为《保卫盐海之部》。“姜”即藏语中对麽些人和麽些人分布地的称呼。姜国国王“萨丹”一词系藏语对丽江坝子的专称。汉文有关史籍常根据藏语语音 Sadam 音译为不同的同音异字。南诏时称为“三赕”。《元史·地理志》“通安州”条亦称“三赕”。任乃强先生在《〈蛮三国〉的初步介绍》一文中将“姜萨丹王”称为“觉阿撒打甲波”。“觉阿”即“姜”，“撒打”即“萨丹”，“甲波”即“王”的音译。任乃强认为撒打国“其国在巴塘南”（姜地是泛指纳西人聚居的区域，从这一点上看，此说所指的地理位置是与纳西族的历史地理分布情况相符的）。《格萨尔王传》史诗原西康格抄本译本第 42 页注曰：“萨丹，藏语今译，指今云南丽江，古称花马国。”向达《蛮书校注》卷四“麽蛮”条校注亦案：“三探览，即《元史》中赕，今丽江也。藏语称丽江曰三赕，音似为 Sadam……又云丽江人即曰 Sadamwa 三赕娃，西藏人称麽些族也。”方国瑜、和志武认为：“又《樊志》之三探览，疑‘三’下‘赕’或‘川’字，应作三赕、探览，为两地名。三赕者，《元一统志》丽江路通安州载：‘州治三赕，亦曰样渠头赕。’《元史·地理志》载：‘通安州，昔名三赕’，按：样渠头，即今称‘衣古堆’，为丽江城区。”[1]《元志》通安州条云：“治在丽江之东，雪山之下。昔名三赕，濮獬蛮所居。其后麽些蛮叶古年夺而有之。”

洛克（Joseph F. Rock）在《中国西南古纳西王国》中引证弗兰西斯（Francis）在《西藏—拉丁字典》一书中对“姜”的解释：“‘姜’是个部族和地区的名字，其在云南的西北部，首邑是三赕或丽江府。”他在该书中对格萨尔传奇中的“姜岭大战之部”做了很多论述，指出：“在著名的《格萨尔王传》诗中，有一部是讲述格萨尔与萨丹（Sa-tham）王激战的故事，萨丹是姜地的国王。”在历史发展演变中，“三赕”这一名称变成了“姜岭大战之部”中半神半人的史诗人物，即姜国国王“萨丹”，后又演变为纳西族全民信仰的民族保护神“三多”（saiddo）。

洛克认为：“丽江雪山依然代表着一个神灵，这个神灵不是一个本地神，而是源于遥远的北方，

---

① 方国瑜、和志武：《纳西族的渊源迁徙和分布》，载《民族研究》1979年第1期。

即西藏东部的草地区域。纳西人是在汉朝末期从那里南迁到丽江的，因此纳西人就把三赕（Sa-ddo）这个名称（藏语称“三赕”［Sa-tham］）带到丽江来，很可能最初以他为丽江雪山的名字，然后把三多神作为山神和纳西移民的保护神。直至丽江城产生后，才称丽江为三赕。”洛克叙述至此，加一注释说：必须说明的一点是，根据查理斯·贝尔（Chanles Bell）和他的拉萨信息提供者所说，据说格萨尔是生在藏王托托里年真（To-to-rinyen-tsen）时代，即公元 4 世纪，三赕（三多）也必然是生活在这个时期。但这个具体的藏王时代并不被认为是一个可靠的历史时代。真正的西藏史是直到公元 11 世纪才开始的。上述这个藏王的出生日期，各家众说纷纭。萨拉·张德拉·达斯（Sarat Chandra Das）说是 441 年，并说他的名字为刺索索里年真（Lha Tho-tho-rinyen-tsen[gnyan-btsan]）。史刺金威尔特(Scheagintwell)在他著的《西藏王》（Die Koenige von Tibet）一书中的第 806 页将这个西藏王之名写为 Lha-tho-

tho-ri-snyen-bshal，其统治时期始于463年。归根到底，格萨尔似乎是个神秘人物，或者就是三赕，他们的传奇很可能还远在公元3世纪或4世纪以前。因此，很可能羌人（纳西为羌人之一支）在他们大移民时期，把三赕的传奇带到了南方。根据《嘉庆一统志》的记载，“三赕”这个词在宋朝时指丽江。《元史》中说，纳西酋长麦良，又称阿良，被任命为三赕管民官。该书还说，三赕是丽江的古代名称，并且说濮獬部落住在那里。洛克下结论说：“因此，我们可以看出所谓三多神在丽江是外来的神，是与纳西人一起来的一个移民者。”[①]

有的学者对“三赕”一词也有别解，《敷陈末记以备采择疏》萧彦载：“丽江古吐蕃之境，与鹤庆为邻，其地产金，不生五谷，彼其安闲然。”“神川”是藏语“萨赤”的译音，即指金沙江。

① ［美］约瑟夫·洛克：《中国西南古纳西王国》，云南美术出版社1999年版，第121、127页。

故而藏族称丽江一地为“萨当”（意为“金子坝”）。[1]

《格萨尔王传》中的“姜岭大战之部”描写的是姜岭两国为争夺盐海而发生的一次为时 9 年的大战。最后以姜国的失败和格萨尔王制服姜国国王萨丹告终。这一神话史诗所描述的争夺盐海之战是有历史事实根据的。

自吐蕃势力进入西南后，吐蕃与麽些人为争夺盐池而发生的战争十分频繁。从史书记载看，以争夺今四川盐源县的盐池发生的战事最多。盐源古称定筰县，唐时改置昆明城。《汉志》：“定筰，出盐。”《元和志》卷三二“昆明县”下曰：“盐井在县城中。”定筰县的盐池，在汉代即属麽些人所有。《华阳国志》卷三“定筰县”条曰：“县在郡西。渡泸水，宾刚徼，（曰）摩沙夷。有盐池，积薪，以齐水灌而后焚之，成盐。”《蛮书》卷七亦曰：“昆明城有大盐池，比陷吐蕃。蕃中不解煮法，以咸池水沃柴上，以火焚柴成炭，

① 崔永华：《藏语中的“中甸”》，载《迪庆方志》1992 年 3 期。

即于炭上掠取盐也。贞元十年春，南诏收昆明城。今盐池属南诏，蛮官煮之，如汉法也。”《新唐书·南诏传》云：“昆明城诸井皆产盐，不征，群蛮食之。”《元和郡县志》卷三二云：“盐井在（昆明）县城中。今按取盐先积柴烧之，以水洒土，即成黑盐。”张九龄撰《敕西南蛮大首领蒙归义书》中说：“吐蕃于蛮，拟行报复。又巂州盐井（指今四川盐源县的盐池）本属国家，中间被其(吐蕃）内侵，近日始复收得。亦因具知。吐蕃唯利是贪，数沦盐井；比有信使，频以为词。今知其兵拟侵蛮落，兼拟取盐井，事似不虚。国家与之通和，未尝有恶；今既如此，不可不防。”从上述记载中也可以明确地看出来当时吐蕃数次发兵攻陷盐井的史事。

“姜岭大战之部”中说，岭国花了 9 年时间才打退了姜国的进攻，保住了盐海。由此可见麽些和吐蕃争夺盐池战争之激烈。藏族民间传说，西藏的察隅地区原来就有姜人，察隅一带也是格萨尔与“姜巴”争夺食盐的战场。[①]

从《元史·地理志》中可以获悉吐蕃从麽些人手中夺取昆明盐池的时间，该书“柏兴府”条载：“昔摩蛮所居。汉为定笮县，隶越嶲郡。唐立昆明县。天宝末没于吐蕃，后复属南诏，改香城郡。”天宝末年为丙申，即公元756年。可知吐蕃在756年前后将盐池从麽些人手中夺为己有。《格萨尔王传》中的“姜岭大战之部”中说是姜国图谋夺取岭国的盐海而引起姜岭两国之战，而在藏族民间，也有说盐海是属于姜国的，姜国是受侵者。如云南藏族民间的传说中则有这样的说法：盐湖本为姜人先占有，格萨尔的叔叔晁同屡次去买盐，见姜人得利颇厚，遂起掠夺之心。于是带了一帮人马，佯装迎亲，去争夺盐池，结果被姜人打败，惹起战争，格萨尔只好亲自出战打败姜国。[②]

---

① 冯智：《明至清初滇藏政教关系管窥》，载《中甸县志通讯》1990年3期。

② 王晓松：《浅谈〈姜岭大战之部〉的“姜”》，载《云南藏学研究论文集》，云南民族出版社1995年版。

著名藏学家王沂暖先生指出:《姜岭大战》……内容是姜国萨丹想夺取岭国盐海,因而出兵入侵,引出姜岭大战。……这一部有异本,说战争起因是岭国想夺取姜国盐海,不是姜国想夺取岭国盐海。”[1]这一“异本”所说的实际上更为符合诸多史书上所记麽些人早在汉代就拥有定笮等地盐池,唐代吐蕃势力进入西南后与麽些人争夺盐池的史实。

麽些与吐蕃虽然有争夺盐池之战,但从历史记载看,当时川西南麽些人居住之地的盐池之争不仅仅是发生在麽些和吐蕃之间。《华阳国志·定笮县》中记载:“县在郡西,渡泸水,宾刚徼,(曰)摩沙夷,有盐池,积薪以齐水,灌而后焚之,成盐。汉末,夷皆锢之,张嶷往争,夷帅狼岑,槃木王舅,不肯服,嶷擒,挞杀之,厚赏赐,余类皆安,官迄今有之。”这里所说的夷帅狼岑槃木王舅,也

① 王沂暖:《再做一次不完全的统计——藏族〈格萨尔王传〉的部数和诗行》,载《格萨尔研究集刊》(第一集),中国民间文艺出版社1985年版。

就是《华阳国志》中的“摩沙夷”帅狼岑槃木王舅，狼岑即定筰夷帅，为槃木王之舅，槃木则是《后汉书》中之白狼槃木，在牦牛道，与定筰“摩沙夷”为姻亚。[①]从这则历史记载中，可以看出原来为麽些所拥有的盐池，已开始遭到汉朝军队的侵夺。

势力强大的吐蕃与麽些人发生争夺盐池之争，吐蕃夺得盐池后，后来又与唐军在麽些人所居住的区域内展开了争夺盐池之战。特别是昆明城及盐井，成为双方争夺的重点，多次易手。《旧唐书·本纪》曰：“都督张审素攻破蛮，拔昆明城及盐池，杀获万人。”唐至德二年（757 年），嶲州等地复为吐蕃所攻占。[②]

此外，吐蕃夺得麽些人的盐池后，还与唐军及后来与唐军结成联盟的南诏之间不断地进行争夺盐池的拉锯战。《资治通鉴》卷二三五载：“贞元十一年十月，南诏攻吐蕃昆明城，取之。”

① 参看方国瑜、和志武：《纳西族的渊源、迁徙和分布》，载《民族研究》1979 年第 1 期。

② 《新唐书·地理志》。

（司马光注曰：昆明城，在西爨西北，有盐池之利。）贞元十一年（795 年）。可见，吐蕃占有了昆明城的盐池 30 多年后，南诏又将盐池从吐蕃手中夺走。但吐蕃不甘失去盐池，又与南诏争夺。南诏则与唐西川节度使韦皋联合起来再攻吐蕃。《资治通鉴》卷二三五记载：“贞元十五年十二月，吐蕃众五万分击南诏及嶲州，异牟寻与韦皋各发兵御之；吐蕃无功而还。”《资治通鉴》卷二三六载：“贞元十七年，韦皋屡破吐蕃，转战千里，凡拔城七，军镇五，焚堡百五十，斩首万余级，捕虏六千，降户三千，遂围维州及昆明城。”“贞元十八年，吐蕃遣其大相兼东鄙五道节度使论莽热将兵十万解维州之围，西川兵据险设伏以待之。吐蕃至，出千人挑战，虏悉众追之，伏发，虏众大败，擒论莽热，士卒死者大半。维州、昆明竟不下，引兵还。（正月）乙亥，皋遣使献论莽热，上赦之。”

从这些记载中可知，当时的昆明盐池仍然为南诏所占领，吐蕃出动十万军队欲夺取盐池之地，但在南诏和唐军的联合抗击下，无功而还。汉代就已居住在昆明（今盐源）盐池地区的麽些人在南诏统治时期，在政治上隶属南诏统管，但他们仍然在盐池地区休养生息，无疑卷入了吐蕃争夺盐池的战争中。“姜岭大战之部”将姜国作为与岭国争夺盐池的对手，基于盐池之地的世居之民即姜国（纳西）之民这一史实。

盐源的盐井历史悠久，《汉书·地理志》就有记载：“定筰，有盐池，步北泽在南。”

越析诏的故事

位于宾川县的鸡足山是著名的佛教圣山，也是中国十大著名佛教名山之一，也是中国汉传佛教、藏传佛教和南传佛教的交汇地，被国务院列为全国 44 个风景名胜区之一，现为国家 4A 级风景名胜区。鸡足山位于云贵高原滇西北宾川县境内西北隅，西与大理、洱源毗邻，北与鹤庆相连，因其山势顶耸西北，尾迤东南，前列三支，后伸一岭，形似鸡足而得名。

在唐代，鸡足山所在地宾川县是纳西先民、著名的南诏六诏之一——越析诏的聚居之地。麽些部落在公元 7 世纪中期进入今云南宾川一带，在宾川繁衍生息，日益变得强大起来，在公元 652 年后建立了越析诏。在唐代以前的汉文史籍中，没有麽些部落在宾川一带活动的记载。学术界认为，建立越析诏的麽些部落是从今四川盐源一带渡江南下的。方国瑜先生在《麽些民族考》中说："麽些族地望于定笮，渡沪而南，聚居越析州故地，自立为诏。"也有可能越析诏的部分麽些人是从离宾川不远的丽江来的。赵心愚先生也提出了这一点。唐代，位于丽江的塔城是吐蕃统治滇西北和西洱河（洱海）流域的政治中心，宾川的越析诏也在其势力范围之下，所以纳西人在这一区域的流动是完全可能的。

越析诏与蒙嶲、蒙舍、邓赕等诏都是 7 世纪中叶起逐渐出现在云南洱海地区的民族政权，史称"六诏"。在相当长的一段时间内，越析诏兵强马壮，有声名远播、削铁如泥的兵器——铎鞘，威震四方。明代诸葛元声著《滇史略》在记越析诏时称："越析诏，地最广，兵最强，素为南诏畏忌。"说明当时越析诏的力量是较强大的，连当时强大的南诏也敬畏三分。越析诏控制的区域也很宽广，宾川一带只是越析诏统治势力的核心区域，其统治的领域北面应达金沙江边，也就是后来"隔泸城"等区域。[①]

那时的宾川是个各路豪雄俊杰叱咤风云的一个地方，但后来因为一些政治的变故，越析诏逐渐衰落了。关于越析诏较多的记载，最早见于唐人樊绰所著《云南志》。《云南志》卷三《六诏》载："越析，二诏也，亦谓之麽些诏。部落在宾居，旧越析州也。去囊葱山一日程。有豪族张寻求，白蛮也。开元中，通诏主波冲之妻，遂阴害波冲。剑南节度巡边至姚州，使召寻求笞杀之。遂移其诸部落，以地并于南诏。波冲兄子于赠提携家众出走，持天降铎稍，东北渡泸，邑于龙怯河，方

① 赵心愚：《唐蕃在洱海地区的争夺与越析诏的兴亡》，载《西南民族大学学报》（人文社科版）2006年第12期。

一百二十里，周回石岸，其地总谓之双舍。于赠使部落酋杨堕，居河之东北。后蒙归义隔泸城，临逼于赠，再战皆败。长男阁逻凤自请将兵，乃击破杨堕，于赠投泸水死。数日始获其尸，并得铎鞘。”

从《南诏德化碑》“越析诏余孽于赠，持铎鞘，骗泸江，结彼凶渠，扰我边鄙，飞书遣将，皆辄拒违”的记载，以及碑文中阁逻凤出征获胜，“解君父之忧，静边隅之祲”的用语来看，南诏当时确实视越析诏残余势力为强敌，这也在一定程度上证明波冲在世时的越析诏势力应比较强，是洱海以东地区的引起各方重视的一大地方力量。

为加强在洱海地区的争夺，在吐蕃赞普都松芒布杰（676—704年）时期，吐蕃在今丽江巨甸北金沙江上架起神川铁桥，并调集军队长期驻守，置神川都督府以统一指挥在滇西北及洱海地区的军事行动。麽些地区成为吐蕃统治滇西北和洱海地区的政治军事核心所在地，麽些各部落与吐蕃的关系比较密切，这也成为日后唐朝和南诏联手攻打吐蕃时、麽些人也成为被强行移民对象的重要原因。

据敦煌吐蕃历史文书记载，公元703年，“冬，赞普赴姜地（六诏），并攻陷之”。都松芒布杰赞普“夺取六诏之疆”。敦煌吐蕃历史文书中有吐蕃赞普（王）率军达姜地的记载，“姜”在藏语藏文中一直指麽些（纳西），反映了当时吐蕃的势力已经控制了今天丽江、维西和香格里拉市接壤的“麽些江”一带流域，同时其统治势力也达到洱海西南部地区。

原来这些地区的麽些人各部落处在吐蕃与南诏这两大势力之间，不得不在“夹缝中生存”。纳西与吐蕃上层之间相互通婚，结成了政治上的联盟关系。在唐代，有的麽些部落与南诏也保持着很好的关系，包括上层之间的通婚。由于历史上麽些与吐蕃之间有特别密切的关系，所以南诏对麽些一直都很不信任，南诏王异牟寻怕麽些蛮会当吐蕃的向导，所以要“欲先击之”。

与吐蕃更友善的麽些各部落还有越析诏。由于越析诏与吐蕃亲善，逐渐失去了唐王朝的信任与支持。吐蕃势力大时，南诏王也服从吐蕃，但同时与唐朝保持联系。由于历史上麽些人与吐蕃之间关系密切的原因，南诏对麽些人一直怀着戒备之心。唐天宝战争后不到半个世纪，南诏弃蕃归唐。越析诏被善于利用唐朝和吐蕃矛盾并得到唐王朝支持的南诏吞并了。后来发生在今丽江市玉龙县塔城乡的南诏与唐军联手攻打吐蕃的“铁桥之役”，以及南诏借助唐朝的支持灭越析诏，都与当时麽些与吐蕃关系密切的这一原因有关。

第四章　元明清时期的纳西族

“元跨革囊”的故事

清代诗人孙髯翁撰写的著名大观楼长联中，提到“宋挥玉斧，元跨革囊”。而“元跨革囊”的主要渡口，就在丽江市玉龙纳西族自治县的奉科镇。“元跨革囊”也是纳西族历史上有深远影响的一件大事。

一、革囊渡江渡口

奉科镇位于玉龙县境东部，东邻宁蒗彝族自治县，南接玉龙县宝山乡，西与香格里拉市隔江相望，北与四川省木里藏族自治县一江之隔，其乡政府所在地距玉龙县城168千米，海拔2100米。坐车沿玉龙雪山的公路向东北方向行进，一路可以看到非常壮观的“玉龙十三峰”，白雪皑皑，山势崔嵬，逶迤如一条玉龙常舞长空。

南宋理宗宝祐元年（1253年），蒙古皇帝蒙哥命其弟忽必烈南征大理国。忽必烈率军从甘肃临洮直下四川，过大渡河。他统率的中路军经四川盐源来到宁蒗的永宁，又从永宁到与奉科隔江相望的今永宁拉伯的拉卡喜里附近渡口。据说，是当地纳西人献计用“革囊”来渡江，蒙古军接纳了这个建议。在纳西人用象形文字记载的创世纪《崇般图》中，就有纳西远祖崇仁利恩躲进革囊从大洪水中死里逃生的故事情节。另一种说法是蒙古军的革囊是他们行军作战必备的装备之一。

所谓革囊，就是将剥下的完整牛、羊皮的四肢、肛门等处扎紧，充气后作为漂浮器材，纳西人称为“次笃”。用绳索将多个这样的皮囊绑在纵横交错的木、竹架子上，就成了皮筏。蒙古军队用这种革囊和皮筏渡金沙江，史称“革囊渡江”。据当地人介绍，从奉科北面的三江口直到奉科以南的宝山石头城的金沙江沿线，共有9个渡口，而古空美渡口是最大的一个。民间相传，当年忽必烈就是从这里渡江的，据说西岸村头还有一个“渡江指挥台”遗址。

当时，统治着以今天丽江古城一带为核心的大片领地的纳西酋长麦良（阿琮阿良），面对蒙古大军压境，审时度势，为免桑梓生灵涂炭，当机立断到渡口迎接忽必烈大军。而蒙古将军兀良合台率领的西路军在进入丽江境内后，在金沙江沿线巨津州等地受到当地纳西首领禾牒、禾失等率领纳西军民顽强抵抗，蒙古军最终击败了当地纳西军民。

二、“白沙细乐”和其他传说

“革囊渡江”也与国家级非物质文化遗产名录的丽江古乐“白沙细乐”有关。麦良和忽必烈是非常好的朋友。民间相传，忽必烈离开丽江，南征大理时，将一个宫廷乐队作为“别时谢礼”赠送给麦良，此即相传至今的纳西古乐组成部分“白沙细乐”，因此又译为“别时谢礼”。纳西族著名民间歌手和锡典（“白沙细乐”传人）曾撰文讲述，他13岁时跟伯父学习演奏“别时谢礼”

时，伯父对他讲，元世祖忽必烈征大理，“革囊渡江”到丽江，忽必烈离别时，将随军的一半的宫廷乐工赠送给了麦良，作为谢礼。“白沙细乐”第一乐章名“一封书”，即是表达离别谢意的乐曲。清乾隆八年撰修的《丽江府志略》中的“风俗卷”中写道：“夷人各种，皆有歌曲、跳跃、歌舞、乐工，称‘细乐’，筝、笛、琵琶诸器与汉制同，其调亦有叨叨令、一封书、寄生草等名，相传为元人遗音。”另据清光绪二十年（1894年）撰修的《丽江府志略》记载：“先是元太弟革囊渡江，其音乐相传有胡琴、筝、笛诸器，其调有南北曲、叨叨令、一封书、寄生草等名。及奠期，主人请乐工奏曲灵侧，名曰细乐。缠绵悱恻，哀伤动人。其发引也，亦以乐送之。”

音乐史家何昌林教授则认为，公元1253年忽必烈在丽江白沙宫将“细乐”（后称“白沙细乐”）的乐器与乐师赠给土司阿琮阿良一事虽出于民间传说。正史并未记载此事，但丽江今存3架南宋末年所制的火不思（色古笃），还流传着一种类似毛笔形的‘细管’的特殊乐器，证明这种传说是真实可信的。因为除了丽江外，云南别的地方没有火不思这种乐器。由此分析，“白沙细乐”很有可能是一种融合了蒙古音乐和纳西音乐的乐种。

“革囊渡江”是云南和丽江历史上的重大事件。忽必烈进入纳西族地区后，对当地部落首领先后授以“茶罕章管民官”“茶罕章宣慰司”等官职，这是丽江土司土官制度的雏形。元至元十一年（1274年），元朝廷设置了“丽江路军民总管府”，“丽江”这个地名由此产生。1285年，改置“丽江军民宣抚司”，并正式将丽江纳入了云南行省的行政区辖，加强了同内地的联系。宣抚司的职务由麦良的子孙承袭，纳西“尤”（叶）氏族首领麦良家族成为一统“纳西古王国”的土官，基本统一了“酋寨星列”的纳西地区各部落。麦良家族后裔在明代成为在滇川藏地区赫赫有名的木氏土司。

忽必烈率领的蒙古军过丽江，在民间留下了

许多传说，除了上述的“白沙细乐”外，相传一些地名也与蒙古语有关。比如今丽江古城的密士巷，在纳西语中称为“阿溢灿”。相传忽必烈率领的蒙古军过丽江时，曾有军队驻扎此地，纳西语称蒙古军队为“阿溢”，“灿”意为“村子”，“阿溢灿”意为蒙古军队住过的村子。在古城大石桥的东北面，原来有一个小草坪，纳西语称其为“阿溢闹歹”，意为蒙古人练兵的地方。“闹”是形容蒙古军人舞刀弄棒、喊杀连天的样子，“歹”指场地。

在奉科，也流传着一些与“革囊渡江”蒙古军相关的说法。在奉科纳西人中，有相当多的人都姓“树”。关于奉科镇、宝山乡的“树”姓纳西人的来历，有多种说法，其中一种说法认为“树”姓与纳西族过去的树、尤、梅、伙4个古氏族有关。据熟谙本地风土民情的奉科纳西人介绍，民间传说树家先祖是蒙古将军，曾奉命攻打四川，不幸战败，几乎全军覆没。后来这位将军和一些部下侥幸脱身，流落在奉科生存。后来他投奔了与忽必烈相熟、本地最大的纳西酋长木氏土司，木土司要求他要有个姓,而且姓氏中必须含有一个“木”字。这个蒙古将军靠在一棵树上左思右想，一下子有了灵感，最终以树为姓。

三、渡口今昔

如今奉科的树姓已经发展到200多户，姓树的奉科纳西人认为自己是“阮西”。在纳西语里，阮西人是指那些沿金沙江河谷居住的纳西人，是纳西族的一个支系。阮西的语言与宝山乡的纳西语有差别，与本地的摩梭人和江对面宁蒗县拉伯乡的摩梭人的语言也有差别，而与今香格里拉市三坝纳西族乡洛吉行政村“阮可人”的语言却很相似。

20世纪20—40年代，洛克多次从奉科渡口渡江去宁蒗县永宁。他在《中国西南古纳西王国》一书中详细描写了他从奉科渡口过江去永宁的情景,并拍摄了不少照片。洛克结合史料和实地考察,考证了宁蒗永宁、拉伯和玉龙奉科的这个渡口,就是忽必烈率军“革囊渡江”之处。这个具有重要历史意义的古渡口，是玉龙县奉科和宁蒗县永宁两地相互往来的一个重要渡口，由于其历史知名度高，如今也成为国内外特别是西方探险旅行者、背包旅行者从丽江去永宁的一个必经渡口。

站在这个具有重大历史意义的古渡口，江水沉静无声地从眼前流过，两岸层峦叠嶂，莽莽苍苍。岸上的山坡上生长着一种红黄相间的地衣，在高原的阳光下熠熠生辉。江山如画，两岸的奉科乡和拉伯乡，自改革开放以来有了长足的发展，但目前还是丽江欠发展的山乡。奉科境内梨园水电站的建成，以及为形成新的旅游环线而开通的丽江到宁蒗永宁的新公路，通过水电和旅游的效益，给奉科和拉伯的山乡民众带来了新的发展机遇。

水电站建成，使江水上升 150 多米，全然淹没旧日景象。泛舟江中，看江流平静，涛声已无。两岸山村田园依旧，而人多已迁走，只有相传忽必烈所率蒙古军越过的太子关，险峻巍峨，默看人间。现代化裨益民生，也给大地山川带来巨变。感叹沧海桑田、江山之变，故而吟之——

昔日麽些江，涛声伴人眠。
水流吟浩歌，夜月照世间。
高峡出平湖，江水失天然。
元跨革囊处，泛舟看江山。
江水升百米，旧景已被淹。
两岸小村落，人走剩田园。
傲立大江畔，唯有太子关。
见证古今事，风雨千万年。
荒芜英雄路，剑气藏巨岩。
彷徨大江边，长歌发浩叹。

纳西族木氏土司传奇

纳西族木氏土司，是被明朝任命的丽江府世袭知府。木氏土府的历史具有很多的传奇色彩。在丽江城内恢复重建的木府大院，正是这个木氏土司的历史痕迹。木氏土司家族并不姓“木”。纳西族历史上通行父子联名制，以此作为同一家族血脉的认定。例如，元代迎接忽必烈入云南的纳西酋长叫“阿琮阿良”，世袭他爵位的儿子叫“阿良阿胡”，之后逐代叫“阿胡阿烈”“阿烈阿加”“阿甲阿德”。至阿甲阿德，正是明朝洪武时期。“木”姓是从阿甲阿德开始使用的，是明朝洪武皇帝所赐的姓。

一、木氏土司被朝廷视为“西北的藩篱”

提起少数民族的酋长或土官、土司，常常给人“山大王”的印象。如果我们了解纳西木氏土司的历史，则会有别样的感受。纳西族的文明史，乃至明代中国整个西南的历史，与木氏土司的兴衰有着密切的关系。

纳西族木氏土司是中国西南历史上声名显赫的土司世家，经历了元、明、清三朝，明朝时最为强盛，与蒙化、元江并称为“云南三大土府”。明崇祯十二年（1639 年），中国大旅行家徐霞客来到丽江，挥笔写下“居庐骈集，萦城带谷”，“民房群落，瓦屋栉比”。他从这一派萧森浩荡的古城气象中，惊讶地看到了木府“宫室之丽，拟于王者”的壮观气势。

木氏土司是从元朝开始崛起的。上一节中说

道，公元13世纪中叶的南宋宝祐元年，蒙古军在忽必烈的率领下，兵分三路，向南征战大理国，途经木里到永宁。忽必烈所率的中路军从在今丽江的奉科，革囊渡江，丽江坝纳西首领麦良迎降。忽必烈进入纳西族地区后，先后麦良授以“茶罕章管民官”“茶罕章宣慰司”等官职，这也是土司土官制度的雏形。1274年，元朝设置了“丽江路军民总管府”“丽江”之名就这样开始了。到1285年，改置“丽江军民宣抚司”，宣抚司的首领是由麦良的子孙承袭的。元朝开始实行的宣抚司政治管理制度，基本统一了众多酋寨各自为政的纳西各部落，并正式将云南纳入了行政区辖，加强了同内地的联系。与中央王权联系在一起的木氏土司，也由此逐渐崛起，明代时期的木氏土司最为繁盛。

明代，朝廷面临北退到蒙古草原的蒙古势力南下的威胁，非常担心“北虏”（蒙古）与“南番”（吐蕃）联手，因此设置了“九边”防御体系，在北边屯驻了大量军队，导致明朝军力严重不足，尤其川康[1]滇交界地带的驻军缺口较大。于是，明朝认为“以蛮攻蛮，诚治边之善道”，仿效中国封建统治者历来采取的政治手段，实施“以藩治藩”“以夷治夷”的统治政策。而滇西北区域，被朝廷视为重要的边关要塞、“西北藩篱”，丽江、永宁等纳西族聚居地更是被视为“可以筹云南”的战略要地。

明代朝廷对实力强大的纳西族木氏土司非常信任，将其视为捍卫和防范吐蕃的力量，对木氏不断封官赏赐、大力扶持。出于明代朝廷的政策影响，加上木氏土司也想扩大自己的统治领域和势力范围等诸种原因，木氏土司与康巴地区藏族头人之间战事比较频繁。木氏土司不断地为明王朝征战效力，多次得到皇帝亲赐的“辑宁边境”“诚心报国”“西北藩篱”等嘉奖。明洪武十五年（1382年），纳西土司阿甲阿德被明王朝皇帝赐“木”

① 康区主要包括如今的四川甘孜藏族自治州、阿坝藏族羌族自治州、木里藏族自治县、西藏昌都市、云南迪庆藏族自治州以及青海玉树藏族自治州。

姓，这便是“木氏土司”称呼的由来。那个时候，云南六分之一的地域都在木氏土司的管辖之下。

二、木氏土司坚持国家认同

木氏土司有很强的国家认同观念，忠诚报国，对朝廷忠心耿耿。土司木增[①]刚继位时，朝廷在东北一线与女真人建州的军事对抗白热化，战事吃紧。在国家处于危难的时刻，木增在西南边地筹集资金，遵照母亲临终时的嘱咐，“将母亲所遗妆奁衣饰，并多年积蓄六千余两，再凑三千八百六十八两，共约一万两，解充辽饷”。木增在写给朝廷的《辽左发难捐资助饷疏》中，慷慨陈词，说木氏“世受国恩”，本应亲自率领军队助战，“以彰国威，以快臣心”，但因“臣所守疆场，为四面受敌之区，西番北虏，出没无时”。于是捐助军饷，为国家尽心尽力，反映了边地一个少数民族首领以国家为重、深明大义的情操和爱国情怀。木增的义举得到了朝廷“木增

① 木增，生于1587年，卒于1646年，纳西名为“阿宅阿寺”，承袭木府第19代土司。

忠顺可嘉”的嘉奖。

针对这一事件，木增留有诗歌《闻辽有警》：

羽檄传辽左，九重东顾劳。
陈兵皆虎旅，克敌本龙韬。
塞月寒笳鼓，征云湿战袍。
铙歌朱鹭曲，应满圣明朝。

辽东边关作乱入侵的急讯传来，“九重”天子又要鞍马劳顿东征了。奔赴前线的士兵都是骁勇善战的劲旅，战略、战术用得好，就能克敌制胜。边地寒月疏星，鼓角相闻，战士的战袍也被战场上的阴云湿透了，木增仿佛听到军歌雄壮昂扬，征战的气氛弥漫在朝廷。一个地方官员体恤国家之难、为朝廷分忧解难的情怀显露无遗。

在丽江，木氏土司建立起了强大的地方武装。丽江全民皆兵，“聚则为兵，散则为民”，并建立了独特的“拇瓜制度”。“拇瓜”是纳西族明代木氏土司所制定的一种军事制度。“木”在纳西族古语中是“兵”的意思，“拇瓜”的直译就是“兵管”。土司手下有掌管军事事务的“大把事”，“大把事”下面是“拇瓜”军政首领，下面还有“爪阿”和“卑孙”等级别。也是集军事、行政管理于一身的职务。这些军事制度既是木氏土司保境安民的措施，也是向外扩张势力的一种手段。

三、木氏土司被尊称为“木天王”

木氏借助朝廷的倚重，也借机向北扩张势力。到明末，其势力范围横跨了滇川藏的边地，远达滇康地区的德钦、维西、盐井、芒康、巴塘、理塘、木里等地区，成为一个有着强大的军事实力和经济文化影响力的“纳西古王国”。

有明朝廷的支持和倚重，木氏土司与康巴藏人土司之间有过诸多战争。古代许多民族之间的战争尽管充满杀戮，但在征服与顺从的反复演替中，百姓之间的贸易得到了开展，文化得到了交流，民族也通过相互通婚、聚居或杂居而不断融合。因此那时候，纳西族与藏族、白族等民族之间，并没有因为双方有过战争而成为世仇，而是通过长期的经济文化交流，消除恩怨，化干戈为玉帛，直到“相逢一笑泯恩仇”，彼此以兄弟身份相互认同。著名的“茶马古道”上留下了很多纳西族、藏族、白族等民族亲如兄弟的故事。那个时代，木氏土司成为滇川藏民族走廊中举足轻重的政治力量，并对该地区多元文化的繁荣起过重要的作用。

木氏土司在川、滇一带，对来自藏地的宗教——藏传佛教的推动和弘扬，起过显著的作用，特别是为促进噶举教派（白教）的繁荣做出了重大的贡献，在当地藏族民众中赢得了很高的声望。木氏土司中出现过一些开明的政治家，如木公、木高、木增等，在藏民中有较大的影响。在1609—1623年期间，土司木增在其所管辖的小中甸[①]，还修筑了一座王宫。

明万历至天启年间，丽江府知府木增主持刻印了藏文《大藏经》（史称丽江—理塘版《甘珠

① 小中甸今为香格里拉市辖镇。

尔》）。他成为滇藏政教关系史和纳、藏文化史上被颂扬的重要人物。刊印《大藏经》的工作，始于明万历三十六年（1608 年），完成于天启三年（1623 年），从刻印到完成，历时 13 年。正式第一次雕版印刷的《甘珠尔》，一共 108 卷，包括 1000 多篇藏传佛教经典文献。由于藏人称呼丽江地区为“姜”或“章·三赕”，所以又按元代的记载写法译作“章·三赕”，这完全是按照藏语的音译。这 108 卷经书后来珍藏在拉萨大昭寺中，被视为镇寺之宝。

明代的“全藏法王”——西藏噶举派黑帽系十世活佛却英多吉（1604—1674 年），在明末清初噶举派和格鲁派（黄教）激烈的争斗中逃避往“姜地”（即丽江），就避藏于纳西土司木增家里。噶举派黑帽系十世活佛与木增及其后的继任土司木懿，在木府的辖区内弘扬噶举派教义。在木懿之前，木氏土司木旺与格鲁派也建立了良好的关系，出资修建理塘寺，请三世达赖索南嘉措举行开光仪式。但当噶举派黑帽系十世活佛在与格鲁派的斗争中失利而避难于丽江之时，长期以来与噶举派有着友好关系、对该教派信仰甚笃的木氏土司坚定地站在了噶举派一边。

明代，纳西民众随木氏土司征战滇川藏地区，推动了纳、藏两族之间的贸易。同时，纳西人还把开梯田、种稻谷（主要是丽江的红米）的技术传进来，因此，滇西北的一些藏民开始种植稻谷。纳西人善于修沟造田、打墙建屋、种植水稻。巴塘东南区的大片梯田即是在纳西人带动下开垦出来的。木氏土司在统治迪庆地区期间，还引进核桃、玉米、蚕豆等作物的种植技术，以及撮箕等生产用品。香格里拉藏族人至今仍以纳西语来称呼上述物品，这说明这些物品是从丽江传进去的。

由于对藏传佛教的尊重与弘扬，推进了地方生产技术，木氏土司因此深受民众的欢迎，藏民尊称木土司为“木天王”。藏族传说《萨当汗·松诺罗丹》的故事中，把丽江木氏土司称为“萨当汗”，意思就是“丽江王”；其藏语法名是“松诺罗丹”，意为“福祚永盛”。在滇川地区，除了有许多关于木天王的神话传说之外，很多寺庙过去还塑有“木天王”的塑像。

斯纳劳登，是被滇川康藏族神化的纳西族领袖，代表的是明代经营滇川康地区的纳西木氏土司。在藏民中，斯纳劳登一般被认为就是纳西族土司木增。

四、木氏土司好礼守义，知书达理

木氏土司十分喜爱汉文化，喜读汉文史书。他们广泛结交中原名士。其好学与对文化的开放精神，引导了丽江广采博纳各民族文化精华的风气。

曾到过丽江并与木氏土司有密切交往的徐霞客这样称赞木氏土司：“世著风雅，交满天下。征文者、投诗者、购书者、以神交定盟者，嘤鸣相和，声气往来，共中原之旗鼓。”《明史·云南土司传》中这样记载：“云南诸土官，知诗书好礼守义，以丽江木氏为首云。”又有说木氏土司“产矿独盛，富冠诸郡”。今丽江、迪庆、怒江这三个州（市）都在他们的势力范围以内，约占云南省总面积的六分之一，而且其势力还远达今四川的木里、巴塘、理塘、康定和西藏昌都以南地区。

根据《明史·土司传》等史书记载，丽江在明代曾有过教汉文的学校。木氏家族在明代热衷于学习汉文化，聘请内地文人到丽江，为他们的子弟传授汉文化，建立了玉嵩书院和万卷楼。《新纂云南通志·地理考·古迹》中记载，万卷楼里所藏的宋明各善本图书有数万卷。

由于木氏家族重视学习汉文化，出现了以木公[①]、木增为代表的木氏汉文作家群，且取得了卓然的文学成就。木公、木增与当时著名的文人杨升庵、徐霞客、张志淳、董其昌等交往甚密。

木公字恕卿，号雪山，又号万松。他在30岁时刊印著作《雪山始音》，50岁时刊印《庚子稿》《万松吟》，52岁时刊印《玉湖游录》。1549年，木公56岁时，明代状元、著名文士杨升庵从上述6种诗集800余首诗中精选出114首，命名为《雪

① 木公，生于1494年，卒于1553年，纳西名为“阿秋阿公”，承袭木府第14代土司，朝廷授以中宪大夫。

山诗选》，并为之作序，对木公的诗给予很高的评价。他的诗也被选入沈德潜《明诗别裁》中。木公的诗气韵天成，情致天然。如：

秋兴

落霞催薄暮，野渡望舟还。
古树飘残叶，平湖浸远山。

江村晚眺

江上层云合，江村结暮阴。
渔灯半明灭，风雨苇花深。

他的诗还有浓郁的乡土气息，清新明快。如：

饮春会

官家春会与民同，土酿鹅竿节节通。
一匝芦笙吹未断，踏歌起舞月明中。

木公作为当时的“夷人”，也就是现在所称

的少数民族，能取得如此卓越的汉语言文学成就，今人也不得不佩服。他的著作，成为今人研究明代各民族诗学和汉学对少数民族上层影响的宝贵资料。

木增，字长卿，号华岳，又字生白。其9岁时父亲去世，11岁时袭承土司一职。他一生军功卓著，多次获得朝廷的褒奖。先后受封为云南、四川的广西左布政使、右布政使、太仆寺正卿，并敕建“忠义坊”，“以风励诸省土司”。他是历代木氏土司中被朝廷授衔最多的一位。他不仅对在纳西族和康巴地区弘扬藏传佛教起了巨大的历史作用，亦是一位杰出的用汉文写作的诗人和学者。

木增有着杰出的文韬武略，多年征战，业绩辉煌。他笃信佛教，乐善好施，多次在云南内外捐资建桥修路，在鸡足山建造了宏伟的汉传佛教寺庙——悉檀寺。他一生钟情于汉文化，在府署旁建盖了著名的万卷楼，集诸子百家之书于楼中。他勤敏好学，博览群书。据说他有边学习边做读书笔记的习惯，认为“广记不如淡墨”。

木增的读书笔记——《云薖淡墨》，受到徐霞客等名士的褒扬。从这本读书笔记中也可看出，木氏土司能传承400多年而不衰，并非仅靠世袭权势，与他们励志勤学的品格、博采众长的态度是分不开的。这一文化精神，应该说影响了纳西族的一代又一代。

木增军功卓著的同时性喜山水，兼具陶渊明似的超凡脱俗、飘然世外的性格和气质，厌倦俗务。他连上五疏，在37岁那年坚决让位给儿子木懿，退隐于林泉，独自在玉龙山南麓的芝山别墅修身养性，过起对山长啸、对月慢吟的生活。在这期间，他陆续创作刊印了《芝山云薖集》《山中逸趣》《竹林野韵》《啸月函空翠居录》等作品，有诗、赋、词，以诗为主。此外尚有《隐居十记》等散文。留存至今的诗约有500首，有赋、文20余篇。在这些作品中，木增自号“丽水解脱道人”“花马水月道人”“水月痴人”“雪峰”等，由这些别号，也可以看到他的一些性情和兴趣。木增曾作《芝山居》：

我爱芝山景最佳，屡经甲子不思家。

此中饮食殊人世，辟谷常吞日月华。

又有一首《采芝曲》：

采药南山曲，云霞染我衣。

呼童收拾净，带得紫芝归。

怪不得，同辈的士人如此评价木增：“增生而秀异，如琼林玉树，迥出风尘，世间浓艳华美一无所羡。”怪不得民间有关于他这样的传说：木增厌烦了红尘，最后骑着红虎，在玉龙雪山上避世成仙。

丽江版《大藏经》的故事

明万历至天启年间，佛光辉耀玉龙山，一个巨大的藏传佛教文化工程在丽江完成；在康巴地区被普遍尊称为“木天王”的丽江土知府木增主持刻印了藏文《大藏经》，成为滇藏政教关系史和纳藏文化史上值得颂扬的重要人物。此举被藏学界学者誉为滇藏文化交流史上的大事。

《大藏经》简称《藏经》，指佛教典籍汇编而成的总集，以经、律、论为主，包括若干印度、中国等国的佛教论述。有巴利文的《南传大藏经》、汉译《大藏经》、满文《大藏经》、蒙文《大藏经》、藏文《大藏经》等。藏文《大藏经》指藏文佛教经论的总集，分为《甘珠尔》与《丹珠尔》两个部分：《甘珠尔》一般译为佛语部，即释迦牟尼本人的语录译文；《丹珠尔》译为论疏部，是佛家弟子对释迦牟尼教义所作的论述及注疏的译文。藏文《大藏经》规模宏大，其中除了佛教的经论（包括义理、仪轨、静修、咒语等）之外，还包括天文、历法、工艺、逻辑等多种学科的论著，对藏文化的发展产生了巨大的影响。

藏传佛教何时传入云南纳西族地区，尚待深入研究。自明代中叶以来，随着纳西族木氏土司势力向北扩张，加强了和藏传佛教的联系。木氏土司最初加强同藏传佛教主要教派领袖人物的关系，是在清楚地了解了明朝治藏国策的前提下进行的，它旨在于借助这些藏族宗教领袖的影响，巩固自己在当地的统治势力，取得民心。木氏土司在与各方藏传佛教领袖人物和高僧的频繁接触中，逐渐地成为虔诚的藏传佛教信徒，其家族中也逐渐地产生了活佛和高僧。藏传佛教对历代木氏土司产生了很深的影响。

法国学者金枝由郎根据丽江版《甘珠尔》汉文序记载，认为明万历三十六年（1608 年），木增土司开始将《甘珠尔》付梓，准备底本手稿、刻版，召集工匠和集中材料（在汉文中分别称为“缮录”“翻刻”“鸠工”和“集材”）。次年，土司要求六世扎玛把作为底本的已经校勘的蔡巴《甘珠尔》借给他作为刊本的底本，此人同意了他的要求。木增主持的刻印《甘珠尔》的工作一直到明天启三年才完成，一共 108 卷。金枝由郎还认为，丽江版《甘珠尔》最引人注目的是包含了《金光明经》。《金光明经》是《时轮乘》的疏注文，相当于佛陀自己的说教，非常重要。[1]

明代万历年间，五世达赖喇嘛和四世班禅大师请求和硕特部首领固始汗出兵帮助格鲁派排除异己。固始汗便率军于 1639 至 1642 年之间经康区入藏，并于拉萨哲蚌寺建立黄教政府即甘丹颇章政权，统治了青海、康区和卫藏大部分地区。到了清康熙三十七年（1698 年），和硕特蒙古南下的军事首领达尔杰博硕克图汉（固始汗的裔孙）兵临云南，在丽江见到了这一套《甘珠尔》经版，认为是可居的奇货，应掌握在自己的势力范围内，于是下令用骡马驮运到四川理塘大喇嘛寺存放。从此，这一部《甘珠尔》就名为理塘版了，或常称为“丽江—理塘版”。

理塘大寺也是在纳西族木氏土司的大力支持下建盖的。据藏文《三世达赖传》《格鲁派教法史——黄琉璃宝鉴》等许多史籍记载：明万历八

① 〔法〕金枝由郎：《丽江版的藏文甘珠尔》，耿昇译，载王尧主编《国外藏学研究译文集》（第五辑），西藏人民出版社 2003 年版，第 282、284 页。

年（1580年）藏历新年，木旺莅临理塘，发起集会，且出巨资迎请三世达赖索南嘉措到康区讲经传法，兴建寺庙，在理塘建寺的一切“乌拉”和所有工匠等全由木氏土司供给。

现在拉萨大昭寺里珍藏着木增奉献给该寺的《甘珠尔》朱印版共108卷，包括1000多篇文献，是大昭寺的珍贵文物之一。全套《大藏经》是装在红漆柜箱里由云南丽江驮来的。现在，除了摆在玻璃柜桌里的3卷外，其他全套经书仍照当年的包装方式置放在这些箱柜里。装放着这一套经典的箱柜共有54个，大小规格统一，每个约长80厘米、宽30厘米、高40厘米。

丽江版《甘珠尔》是纳西木氏土司和藏传佛教噶玛噶举教派首领人物密切合作的成果，是滇西北以纳西族为主的各族人民与西藏人民之间文化交流与传播的历史见证，藏族学者也认为丽江版《大藏经》的刊印，是滇藏政教关系史上的一大创举。

从相关的史料看，木增是在丽江刊印雕版《大藏经》的，而印刷《大藏经》所用的纸，也应该是在丽江造的。《元一统志·通安州》（今丽江坝、拉市等区域）载："土产马、猎犬、纸。"说明元代时，丽江就已经有纸，那时可能是延续至今的东巴写经书的纸。根据民族志调研资料，丽江古城的李氏是丽江绵纸的创始人。李氏原籍江南，后落籍云南鹤庆，在鹤庆松桂辛五营村以造纸为业。李氏在明天启年间（1621—1627 年）就应木氏土司的邀请来丽江造纸。当时正是木增任丽江知府之时，木氏土司赐给他一个姓凭的女子为妻，并安排他在玉水河畔建房居住，现在此处名为新义街积善巷，纳西话称之为"生寺场杯"，意思就是造纸村。[①]从这点看，木增刊印《大藏经》的绵纸，应出自这样的造纸世家。

藏学界噶玛降村先生认为，丽江版《甘珠尔》的雕版印刷是在丽江解脱林。有关藏文资料记载，木工时代解脱林有雕版印刷的作坊，说明了印刷

---

① 政协丽江市古城区委员会编：《丽江文史资料全集》，民族出版社 2012 年版，第 396 页。

生产工作需要的裁纸、印刷、晾晒、装订、磨制烟墨以及管理人员用房和库房等在解脱林。可见，从已有的资料看，丽江府附近解脱林合于事实。噶玛降村认为四川德格版《甘珠尔》的蓝本也是丽江—理塘版《甘珠尔》。[①]

许存仁先生又有另外的观点。他认为木增主持的丽江版《甘珠尔》的印制地点是在今玉龙县黄山镇的普济村，普济寺的住持喇嘛荣登珍藏了当初印刷《大藏经》的师傅为检验效果而用红土颜料印刷的90页经书。相传当初木增把这些用红土印的经书给了普济村，而且把这个村定为印刷《大藏经》的地点。[②]

木增与徐霞客的生死之交

明代纳西杰出土司木增在与内地的交往中，

① 噶玛降村：《浅论德格〈甘珠尔〉的蓝本即丽江—理塘版〈甘珠尔〉》，载木仕华主编《纳西学研究新视野》，中央民族大学出版社2014年版，第203—204页。

② 许存仁：《福国寺》，民族出版社2015年版，第63页。

与伟大的地理学家、后世称为“游圣”的徐霞客最后成了生死之交。他们相识在社会动荡、危机四伏的明崇祯末年的玉龙雪山下，写下了一个边地土司与中原名士生死之交的动人篇章。留存到现在的徐霞客的十卷游记中，其中西南行部分共有九卷，而“滇游日记”占了整整五卷。由此可见徐霞客的云南行在他的壮游生涯中占有举足轻重的地位。

1638 年，徐霞客一到佛教圣地——鸡足山，便只见“雪山一指，竖立天外，若隐若现”。他欣欣然地写下了咏玉龙雪山的诗章。

观雪

北辰咫尺玉龙眠，粉碎虚空雪万年。
华表不惊辽海鹤，崆峒只对藐姑仙。

明崇祯十二年（1639 年）一月二十五日，徐霞客这个读万卷书、行万里路、自称“此身乃山川之身也”的中原一代著名旅行家和文学家从鹤庆辛屯出发，经七和（今丽江市古城区七河乡），入邱塘关。徐霞客在游记中记曰：

……七和者，丽江之地名，有九和、十和诸称。其北又有大宅新构者，乃木公次子所居也。由其前北向行，又盘一支岭而北，七里，乃渐转西北，始望见邱塘关在北山上，而漾共之水已嵌深壑中，不得见矣。于是路北有石山横起，其崖累累，虽不高，与大山夹而成峡，遂从峡间西北上……此山真丽之锁匙也。丽江设关于岭脊，以严出入，又置塔于东垂，以镇水口……出人者非奉木公命不得擅行。远方来者必止，阍者（守门者）入白，命之入，乃得入，故通安诸州守，从天朝选至，皆驻省中，无有入此门者。即诏命至，亦俱出关迎于此……余以其使奉迎，故得直入。[①]

① （明）徐弘祖：《徐霞客游记·滇游日记》。

早在明代，丽江就有不少险关要隘，徐霞客在这里所说的邱塘关，在今丽江城南十多千米的关坡，是古代丽江的重要门户。木氏土司统治时，在此严密守关，任何人不得擅入。徐霞客在这里做了详细的记录。

邱塘关上原来还有觉显复第塔，建于明万历十七年（1589 年）。从木旺撰写的《觉显复第塔记》中的“壮藩壮泽”及“广土风藐”，道出建塔之由。相传藏区一位高僧带一群僧侣到达丽江，在木氏土司邱塘关家院作法事传经布道，并建议木旺土司在邱塘建塔、建寺，以保一方平安。木旺土司听信藏传佛教僧人指点，在邱塘关建觉显复第塔，在家院旁修建一藏传佛教寺院。木氏土司信奉佛教，遵从高僧建议，招募民工，开工建寺、建塔。一年之内，比大理三塔还大的觉显复第塔竣工，这位高僧及其众多僧侣在塔边行以较大规模的开光礼仪。后来因民间的一些风水迷信而被人为地拆掉了，现在已经看不到这座塔。[①]

邱塘关在纳西语中称“敢古”，当地人俗称“三家社区”。此关由一石门、三个院落组成，东边有二院，西边有一院。据《徐霞客游记》及相关史料记载，石门前有一对石狮子，高约两米，头朝南，雄踞关口。石狮口含绣球，可转动但不可取出，行人好奇，常将其转动，日久天长，球面就比较光滑。当太阳西下时，夕阳照在狮子头上，远处看到有闪光，因而又有人说是夜明珠。至“文化大革命”时遭破坏，今天仍能见到一头石狮倒在西边的灌木丛中，身首分开，见尾不见首。听说守关者姓郑，一直到中华人民共和国成立后才迁居到今开南街道办事处漾西社区中吉村。

1639年正月间，地理学家徐霞客万里遐征，来到丽江，受到木氏土司的热情接待。当他来到邱塘关下，只见西来之山在此横叠一峰，“正支

① 参看杨福泉：《寻找丽江之魂——融入纳西古王国》，民族出版社2006年版。其中，第四章“蔓草荒烟中的古国王室”对这座塔被毁的情况做了介绍。

转而南下，其余支东下而横亘，直逼东山，扼丽江南北山之流，破东山之峡，而出为漾共江”。徐霞客感叹道：“此山真丽江锁钥也。丽江设关于岭脊，以严出入，又置塔于东垂，以镇水口。”这就是今天关坡垭口西侧的邱塘关，两山夹峙，关下峭壁如削，使丽江坝子与七河坝高差达百余米。

邱塘关一直是丽江的交通咽喉和战略要塞。“改土归流”后，丽江知府管学宣曾在乾隆年间重修过邱塘关。乾隆《丽江府志略》中有：“知府管学宣重修，题额曰：保乂天西。”在光绪《丽江府志·建置志》卷二中也有记载，教授河西杨士鹏有诗曰：“叹说南关道，为歌行路难。马蹄惊乱石，人面碍危峦。径自谷中转，云从足下盘。古来设险意，重此一泥丸。”

1954 年在复第塔东侧修通了丽鹤公路，此后，邱塘关渐从人们视野中远去，只有当地社区居民上山砍柴时才走此路。邱塘关西侧大约 700 米的山头上，有一段石头垒起来的围墙，被称作丽江

“小长城”。此段石墙随山梁而建，宽为1.5米，高为1.2米，其内侧为0.4米高的台阶，用石均匀，都由20余千克重的石头堆砌而成，没有细小的石料。整段“小长城”约有2.5千米，如同一条带子盘踞在小山头上，直至西面的悬崖峭壁边。“小长城”除了有防御外敌入侵的功能外，还能有效地防止马帮和商贾偷税漏税。

徐霞客当时来到丽江府城，住在木增派来迎接他的一个通事家里。1639年，他在这几天应该是游览了丽江古城等。在他的游记中记载：“历象眠山西南垂，居庐骈集，萦坡带谷，是为丽江郡所托矣。”他还写了丽江古城的水利和地理民居等。

东桥之西，共一里为西桥，即万子桥也，俗又谓之玉河桥。象鼻水从桥南下，合中海之水而东泄于东桥，盖象鼻之水，土人名为玉河云。河之西有小山兀立，与象眠南尽处，夹溪中峙。其后即辟为北坞，小山当坞，若中门之标，前临横壑，象鼻之水夹其东，中海之流经其西，后倚雪山，前拱文笔，而是山中处独小，郡属踞其南，东向临玉河，丽江诸宅多东向，以受木气也。后幕山顶而上，所谓黄峰[①]，俗又称为天生寨。木氏居此二千载，宫室之丽，拟于王者。[②]

徐霞客还记载了丽江当时的一些民风民俗，比如他记载纳西人当时农业的轮歇轮种习俗和明代融入纳西人的汉人士兵。

其地田亩，三年种禾一番。本年种禾，次年即种豆菜之类，第三年则停而不种。又次年，乃复种禾。

其地土人皆为麽些[③]。国初汉人之戍此

① 即丽江古城狮子山，在丽江古城中心四方街西部，海拔为 2466 米。

② （明）徐弘祖：《徐霞客游记·滇游日记》，第 937 页。

③ 又作“麽些”“摩沙”，即今纳西族。

者，今皆从其俗矣。盖国初亦为军民府，而今则不复知有军也。止分官、民二姓，官姓木，初俱姓麦，自汉至国初。太祖乃易为木。民姓和，无他姓者。其北即为古宗。古宗之北，即为吐蕃。其习俗各异云。[1]

徐霞客此行未到木府（知府衙门），他在游记中记曰：

木家院南峰，回峙雄关与巽位[2]。众大之中，以小者为主，所以黄峰[3]为木氏开千代之绪也。从黄峰左腋南上西转，又一里，出其南，则府治东向临溪而峙，象鼻之水环其前，黄峰拥其后。闻其内楼阁极盛，多僭制，故不于此见客云。

先是未及黄峰三里，有把事持书，挈一

---

① （明）徐弘祖：《徐霞客游记·滇游日记》，第 938 页。

② 巽为八卦之一，以八卦定方位，巽位为东南方。

③ 即木府后面的黄山、狮子山。

人荷酒献胙[1]，冲雨而至，以余尚未离解脱也。与之同过府治前，度玉河桥，又东半里，仍税驾于通事小楼。读木公书，乃求余乞黄石斋叙文，并索余书。[2]

从这段记载中可知徐霞客没有进木府，也可与他所描写的木府“宫室之丽，拟于王者”相呼应。

徐霞客在通事的引导下，从丽江古城出发，经十和院、崖脚院。他在游记中对沿途村落进行描写，并记述丽江坝子诸村落。

西瞻中海，柳岸波潆，有大聚落临其上，是为十和院。其后即十和山，自雪山南下脉也。

又如崖脚院（即今玉龙县白沙镇崖脚村）：“其处居庐交集，屋角俱插小双旗，乃把事之家也。”“倚山东向，其处居庐连络，中多板屋茅房。有瓦室

① 献胙，祭祀用的肉。

② （明）徐弘祖著：《徐霞客游记校注》，第937页。

者，皆头目之居，屋角俱标小旗二面，风吹翩翩，摇漾于夭桃素李之间，宿雨含红，朝烟带绿，独骑穿林，风雨凄然，反成其胜。”

根据徐霞客的游记记载，他到达解脱林，住在藏经阁之右厢。他描写解脱林“乔松连幄，颇饶烟霞之气”。关于解脱林，即福国寺，《嘉庆重修一统志·丽江府寺观》记载：“福国寺，在丽江县西北，雪山西南麓，旧名解脱林。明天启时赐此名。”

木增在寺南冈上的别墅迎见徐霞客，派了两个大把事来恭迎，两个都姓和，一个是文通事，另一个是武通事。徐霞客记述他们“其体干甚长壮而面黑，真猛士也”。木增走出第二道门，把徐霞客迎入内室，相互作揖叙礼。木增以高规格礼节接待徐霞客，完全没有一个高官和土司的架子。徐霞客这样记述，“布席地平板上，主人坐在平板下，其中极重礼也”。

徐霞客在游记中还记载了木增的大儿子木懿和三儿子没有来见面的原因，指出当时丽江人都非常惧怕“出豆”（即传染病——天花）。

> 每遇寅年，未出之人，多避之深山穷谷，不令人知。都鄙间一有染豆者，即徙之九和，绝其往来，道路为断，其禁甚严……木公长子之袭郡职者，与第三子俱未出，以旧岁戊寅，尚各避山中，越岁未归。惟第二、第四，新入泮[①]鹤庆者，俱出过。公令第四者启来候，求肄文木家院焉。[②]

徐霞客到解脱林的第二天，木增以纳西族的待客大礼招待徐霞客，以用青松毛铺地，摆出八十一种菜肴，使徐霞客目不暇接。《徐霞客游记》中记载曰：“大肴八十品，罗列甚遥，不能辨其孰为异味也。”之后，徐霞客又应木增之请，

① 入泮：考入府州县学即称入泮或游泮。

② 据《木氏宦谱》记载，木增四个儿子分别名阿春、阿光、阿宝、阿仁。长子阿寺阿春即木懿，袭知府职。参见（明）徐弘祖：《徐霞客游记·滇游日记》，第938页。

为他的第四个儿子木宿撰文指导，之后木宿赠送徐霞客丽江特产“丽锁红毡”。

徐霞客在解脱林一待就是七天，与木增在山间谈诗论文，夜话人生。徐霞客惊奇这位边邑之王那得雪山之精华的风骨神韵、文韬武略。山中半月，两人成生死之交。徐霞客欣然应木增之请，为他的诗文集《山中逸趣》作跋。据史家考证，徐霞客为人作跋，“海内殆无第二篇”。

徐霞客到解脱林后的第五天，木增又送来另一稿本《云薖淡墨》，请徐霞客修订和指正。徐霞客细读后，发现该书“讹字极多，既舛落无序，而重叠颠倒者亦甚”，于是向木增提出了自己的意见。木增听后，恳请徐霞客做详细的校订。徐霞客慨然允诺，用了四天时间认真梳理了全书，边校勘边分类，认真修订错讹和重复颠倒的地方，最后润色后，使该书成为一本条理清楚、段落分明。

徐霞客与木增在丽江的相聚，可以说写下了丽江木氏土司煌煌史册上明丽的一笔。木增那带有宿命色彩的遁世传奇，似乎也预示着木氏土司数百年苦心经营滇西北的历史，将同他的宏伟宫室，一起在残阳落照中灰飞烟灭，木府后来毁于咸丰年间的兵燹。

徐霞客因为到过解脱林和木家院，对这两处建筑的描写是比较具体而详细的。

解脱林倚白沙坞西界之山。其山乃雪山之南，十和后山之北，连拥与东界翠屏、象眠诸山，夹白沙为黄峰后坞者也。寺当山半，东向，以翠屏为案，乃丽江这首刹，即玉龙寺之在雪山者，不及也。寺门庑阶级皆极整，而中殿不宏，佛像亦不高巨，然崇饰庄严，壁宇清洁，皆他处所无。正殿之后，层台高拱，上建法云阁，八角层甍，极其宏丽，内置万历时所赐《藏经》焉。阁前有两庑，余寓南庑中。两庑之外，南有圆殿，以茅为顶，而中实砖盘。佛建像乃白石刻成者，甚古而精致。中止一像，而无旁列，甚得清净之意。其前即斋堂香积也。北亦有圆阁一座，而上启层窗，阁前楼三楹，雕窗文槅，俱饰以金碧，乃木公燕憩之处，扃而不开。前即设宴之所也。其净室在寺右上坡，门亦东向，有堂三重，皆不甚宏敞，四面环垣仅及肩，然乔松连幄，颇饶烟霞之气。闻由此而上，有拱寿台、狮子崖，以迫于校雠，俱不及登。[1]

当年徐霞客离开丽江后，从大理到达腾冲，过澜沧江、怒江，翻越高黎贡山，实地考察了腾冲火山热海，获得了大量的第一手资料，然后折头从保山经凤庆、巍山、弥渡，于当年八月回到了鸡足山。由于一路奔波，经历瘴气湿毒，一路坎坷，万种辛苦，不幸患了风湿病。雪上加霜的是，跟随他多年的随从，竟然偷了徐霞客的所有值钱之物，不辞而去。鸡足山的僧人要去追赶，徐霞客说："追或不能及，及亦不能强之必来，亦听其去而已矣。"只是"离乡三载，一主一仆，

① （明）徐弘祖：《徐霞客游记·滇游日记》，第934—935页。

形影相依，一旦弃余于万里之外，何其忍也”。随从的逃离，给徐霞客精神上造成很大的打击，从此他抑郁不乐，病情加重。但他还是坚持完成了木增在丽江托付他的事，撰写了《鸡足山志》。在这一时期，他还撰写了《溯江之源》《法王缘起》《丽江纪略》《永昌志略》《近腾诸夷说略》等文章，还写了《鸡山十景》等17首诗。[①]《法王缘起》介绍了吐蕃地区的政治，对吐蕃的宗教状况介绍详细，也记载了一些重要的历史事件，比如“庚戌年（万历三十八年，1610年），二法王曾至丽江，遂至鸡足。大宝法王于嘉靖间朝京师，参五台。丽江北至必烈界，几两月程。又两月，西北至大宝法王”。

《丽江纪略》则集中介绍了丽江与吐蕃的关系。其中，徐霞客如实记载了丽江木氏土司在所辖地区边境区域的一些不利的战事：

---

① 夫巴：《千古奇人生命的最后之旅——徐霞客与丽江》，云南民族出版社1999年版，第47—48页。

> 丽江名山牯冈、犛果，俱与鼠罗相近。胡股、必烈，俱丽江北界番名。甲戌岁[①]，先有必烈部下管鹰犬部落，得罪必烈番主，遁居界上，剽窃为害。其北胡股贩商，与西北大宝法王往来之道，皆为其所中阻。乙亥[②]秋，丽江出兵往讨之。彼先以卑辞骄其师，又托言远遁，丽人信之，遂乘懈返袭，丽师大败。丽自先世雄视南服，所往必克，而忽为所创，国人大愤，而未能报也。[③]

徐霞客这条关于丽江军队失利的记载，与他在游记中的另一条记载是相呼应的。徐霞客在游记中曾记载：

> ……以书入谢，且求往忠甸，观所铸三丈六铜像。既午，木公去，以书答余，言忠

---

① 崇祯七年，1634年。

② 崇祯八年，1635年。

③ （明）徐弘祖著：《徐霞客游记·滇游日记》，第1189页。

甸皆古宗[1]，路多盗，不可行。盖大把事从中沮之，恐觇其境也。[2]

从上面两条记载分析，木增不敢答应徐霞客去中甸，显然有他的周密考虑，当时的局势确实不利于徐霞客前往。徐霞客猜测是大把事从中作梗，怕到木增管辖的地区，显然是误解了。在《徐霞客游记》中还有这样一段记载：

……前缴册大把事至，以木公命致谢，且言牯冈亦艰于行，万万毋以不赀蹈不测。盖亦其托辞也。然闻去冬亦曾用兵吐蕃不利，伤头目数人，至今未复，鼠罗、古宗皆与其北境相接，中途多恐，外铁桥亦为焚断。[3]

从这段记载中，亦可看得出当时木增正处在

① 明代以来，称云南境内的藏族为古宗。

② （明）徐弘祖著：《徐霞客游记·滇游日记》，第934页。

③ （明）徐弘祖著：《徐霞客游记校注》，第937页。

与所辖地区用兵不利、将士受伤的窘境，所以派人致书给徐霞客，劝他不要去牯冈等地，是符合情理之事，徐霞客怀疑是大把事作梗，显然是误解了。

在鸡足山上，徐霞客渐渐思乡心切，急于回到故里。木增知道他的意愿后，就派了数名强壮的纳西汉子，用轿子抬徐霞客回其故乡江阴，风雨苦旅，历时156天，经湖北黄冈再乘船，终于把徐霞客送到了家乡——江阴马镇家中。当时明朝正处在风雨飘摇之中，徐霞客回到家乡后，浸润在纳西人的生死友情中。至今，徐霞客家乡故居有一半多的展览版面都是讲他和木增之间的事，可见两人交往之深。相传徐霞客去世前，嘱其家人将他的坟墓朝向西南，他的灵魂似乎想去那圣洁的雪域，与老朋友相聚。

如今，解脱林的藏传佛教噶玛噶举派寺庙福国寺在十七世东宝·仲巴活佛努力之下已经重建，但愿这座名寺能大力弘扬先贤精神，贴近丽江的民众生活，关注他们的悲欢离合，让佛光重新照耀风尘苍生和世道人心。这样，木增和徐霞客这两位当年在解脱林说文论道、探索人生的先贤，也将欣慰地含笑在玉龙山的千秋白雪之中。

木氏土司三留杨辉的故事

纳西族木氏土司不因循守旧，在文化上不闭关自守，而是广泛吸收儒释道文化，汉文化在纳西族民间的影响也因此逐渐扩大。木氏土司广交中原名士，引进文、医、教育、建筑、开矿、工艺制作等方面的汉族人才以及汉文典籍，家族成员努力学习汉文化，其中一些人成为著名的汉文诗人。中原的各种文化逐渐向纳西族社会渗透。明朝初年，湖南省常德府武陵县精通医术的杨辉游学行医至丽江。当时丽江缺医少药，有病请巫师禳解，听天由命，而将针灸则视为异端。杨辉历尽艰辛，在民间多方说服患者依症施治，用家传针灸之法和秘方治疗疑难病症，并在当地采集中草药辅助治疗，屡有奇效，后被木土司强留在丽江。

在《杨氏家谱》上，有好几位当时的名流所撰写的序言，包括写乾隆《丽江府志略》的学正万咸燕的手笔。而木增的孙子木椝所写的《杨翁十世起缘记》中说："杨氏始祖，讳辉，楚人也。由湘至滇，由滇至丽，七传，皆以医道为专务……救济一郡生灵，指到春生。"其后裔多致力于丽江的医疗和文化教育事业，明末曾有任过"世医头目"之职者，"不独民间赖其疗治，而宰官亦往往钦羡之，所以……赠以'边塞华佗'匾额"。

杨氏家族从明朝木氏盛期到清代，除致力于地方的医疗事业外，还开馆授业，在清代历举"孝廉方正"，被地方民众尊称为"忠义老师"，对丽江的汉学教育的发展做了很大的贡献，被誉为"丽江文化的桥梁"（主要指其在丽江大力促进汉学教育和推行中医治病）。[①]当地士绅民众曾在丽江大研古城大石桥边立碑纪念杨氏对丽江文

① 参看赵银棠：《纳西人与杨氏家族》，载《玉龙旧话》，云南人民出版社1984年版。杨尔康：《明初杨氏在丽江医简略》，载丽江县政协文史资料委员会编《丽江文史资料》（三）。

化教育的贡献。

明代，杨氏家族成为木氏土司所倚重的当地望族，不仅成为“世医头目”，而且还参政议政，成为木氏土司的左右手。由于杨氏家族医道精深，因此在远近又有“边塞华佗”的美誉。如在丽江最早的地方志乾隆《丽江府志略》中有这么一段记载：

杨成初，郡人，遇异人传授，精于岐黄。丽俗信巫，不事医药，见成初指应如神，全活甚众，医道始行焉。远近闻其名，延请无虚日，屡著奇验。巡道李兴祖，称为边塞华佗。今丽之业医者，皆其传也。[①]

这里所记的是杨氏家族的杨成与杨初（当时他们皆还姓和），该志书上误记为一人。如对照《杨氏家谱》中的谱系记载，确实可以看得出“杨成初”实际上应该是“杨成”和“杨初”。

杨氏祖先在医学、汉学教育等方面对丽江的

① （清）管学宣、万咸燕纂修：《丽江府志略》，丽江县县志办公室1991年铅印本。

贡献有口皆碑。除了这些，这个家族还有一些颇有天人之乐意蕴的传统，如与杨氏家族有姻亲关系的纳西族著名女作家赵银棠在世时曾对笔者讲过，杨氏家族长期以来有“春月，饲饥鸟于庭”的习惯，她那嫁给杨氏的曾祖母一直保持着这个习俗。《杨公十世起缘记》中记载，八世祖杨公“慈爱及物，不可枚举。每至冬春之间，飞鸟饥啼，公常饲食于阶前，百鸟咸集，乡人异之”[①]。

杨氏祖先在丽江定居后，很快便入乡随俗。相传木氏土司让一个木家的女子和杨辉成婚，之后数代与木氏土司家族联姻。同时，按照当时纳西木氏土司要求，所有木氏之外的本土和外来人口都要姓“和”的规定，改为和姓，直至1723年清朝实施“改土归流”政策后才恢复本姓。这个杨氏家族中有为木氏土司的医官者，也有担任“文把事”（木氏土司府中有“文、武二把事”，分别掌管文武之事）者。杨氏家族中的老人讲，《徐

---

① 赵银棠：《纳西人与杨氏家族》，载《玉龙旧话》，云南人民出版社1984年版，第121页。

霞客游记》中所记的“文武二把事”，其中文把事即杨氏祖先。赵银棠收于《玉龙旧话》一书的《纳西人与杨氏家族》中也提到此事。

杨氏家族在木氏土司府中任职和协助土司处理事务的情况，也见于一些历史记载，比较明确的是与木增相关的一些记载，如在木增的孙子木柼所写的《杨翁十世起缘记》中记曰：

> 杨公[①]为人秉性刚方，素履飘带，诸所谈论，坦真无隐。曾为掌印龙池长官，（与本府）同赴两京。钦奉诏赐本府三品、忠义，共襄厥成，荣出望外，兼游四大名山，步履跋涉，一诚而往。家先祖生白[②]公旌奖酬劳，加恩格外，赐官大有仓，年支俸百石。凡遇汉朝事务，莫不随分尽职，竭忠以应之……公祥[③]，壮年

① 当时这些祖先都已用纳西名，因此在家谱中又称为“恩溥各”，纳西语的意思是“祖先各”，“公”即“各”的汉文译音。

② 即木增。

③ 公祥：杨公之子。

奉主出差南北两京，已历数回，又赍奉神宗御前，请佛大藏经六藏，来镇悉檀、祝国二寺，功垂不朽……求文于元宰董仲伯，承询巅末，公应对如流，深通义理，董公嘉悦。公之子讳成，自幼攻习诗书，兼行医业，救济一郡生灵，指到春生……

从上文看，杨氏家族的杨公祥曾经多次随木增到北京和南京，又去拜谒明神宗，得到皇帝赐予的《大藏经》，请回来供奉在鸡足山的悉檀寺；又奉命寻董其昌写序言。能文善医，正继承了丽江杨氏家族“医儒世家”的传统。杨氏家族的这个家风一直延续至今。

在杨氏家族族人和丽江纳西人中，广泛流传着杨公祥协助土司木增建成著名的木府大门石牌坊以及万卷楼的故事。①

木氏土司吸收汉文化的结果，便是客观上促

① 杨福泉：《古王国的望族后裔》，云南人民出版社2003年版。

进了纳西族地区的政治、经济、文化的发展，为以后汉文化在丽江的广泛传播奠定了一定的社会基础。明代纳西族的强盛和社会文化的繁荣，与木氏土司兼收并蓄诸种文化的开放政策分不开。这种文化开放的态度与认同国家的精神使纳西族在明代为国家的统一和西南边疆的安定，为滇西北和康巴地区汉传佛教、藏传佛教、道教文化等的繁荣做出了重要的贡献。很多历史学家认为，发展到木增时期，木氏土司在滇川藏的影响达到了顶峰的时代。明末社会动乱战乱逐渐多，政局不稳，内忧外患加剧，木氏土司的辉煌也在木增这一代画上句号。

第五章　纳西历史的若干方面

漫话丽江古城

一、历史建制沿革

丽江古城何时形成，学术界尚未形成定论。有的认为它就是唐朝时的“三赕城”。

关于“三赕”，《元一统志·丽江路通安州》有这样的记载：“州治三赕，亦曰样渠头赕。”《元史·地理志》中记载：“通安州，昔名三赕。”《元志》中记载：“治在丽江之东，雪山之下。昔名三赕，濮獬蛮所居。其后麽些蛮叶古年夺而有之。”通安州的州府在丽江的东面，玉龙雪山下。过去叫三赕，居民是濮獬蛮。唐朝人樊绰所著的《云南志·云南城镇》中有关于“桑川”的记载。

据方国瑜教授考证，他认为三赕可能就是桑川。[①]尤中教授考证后，认为桑川即在丽江一带。

清乾隆时期编纂的《丽江府志略》中这样记载："通安废州，在城东三里，昔名三赕。"这段话里的"城"即指清代的丽江古城中心一带，"城东三里"也就指今大研古城范围内。从这里看，可以推断通安州治所在地"三赕城"是在如今大研古城的范围之内。

有的学者认为大研古城形成于唐代，有的认为古城形成于宋末元初。从上述各种史料记载看，大研古城有可能在唐朝就已初具城镇规模。

忽必烈进入纳西族地区后，对当地部落首领先后授以"茶罕章管民官""茶罕章宣慰司"等官职，元政权设置了"丽江路军民总管府"，1285年改置"丽江军民宣抚司"，并正式将丽江纳入云南行省的行政区辖，加强了同内地的联系。

---

① 方国瑜、和志武：《纳西族的渊源迁徙和分布》，载《民族研究》1979年第1期。

从公元1253年忽必烈灭大理国到清朝雍正元年（1723年）实施“改土归流”的470年间，元、明、清朝直接在纳西族地区推行中央王朝管辖下的世袭土官、土司制度。

宋宝祐二年（1254年），在“大叶场”（今大研镇）设“三赕管民官”，其建制属于“茶罕章官民管”。元至元十三年（1276年），“茶罕章管民官”改为“丽江路军民总官府”。

明洪武十五年，通安州知州阿甲阿德被明太祖朱元璋赐姓“木”，并封为世袭知府，丽江古城称为大研镇。明洪武十六年（1383年），木德在大研镇狮子山（纳西语为“瓦古补”，原意为“寨头的小山”）东麓兴建“丽江军民府衙署”。

明朝初期，大研古城称为大研厢。清顺治十七年（1660年），设丽江军民府，仍然由木氏任世袭知府。

清雍正元年，清廷实施“改土归流”，改由朝廷委派流官任丽江知府，木氏最后一位世袭知府木钟降为“土通判”。木氏土司经历了元、明、清三朝，世袭土司共22世，历经470年。

清雍正二年（1724年）第一任丽江流官知府杨馝在大研古城东北面的金虹山下新建流官知府衙门、兵营、教授署、训导署等，并环绕这些官府建筑群修筑城墙。清乾隆三十五年（1770年），丽江军民府下增设丽江县，县衙门建于古城南门桥旁。

民国二年（1913年），废除清廷丽江府，保留丽江县建制，县衙门迁入原来的丽江府衙署内。民国十九年（1930年），大研里设为大研镇。民国二十三年（1934年），云南第七行政公署设于大研镇。

1949年7月1日，丽江和平解放。丽江地委、专区行政公署以及丽江县委、县政府办公处都设在大研镇。1961年4月10日，丽江纳西族自治县成立。20世纪50年代，在大研古城外的西南、西北逐渐开辟新城区，将原来在古城内的地、县政府机关逐步迁到新城。20世纪70年代末以后，先后在北门坡、东干河等地开辟新住宅区，安置部分古城居民入住新区，古城人口密集、拥挤的状况得以缓解。

新中国成立后没有在大研古城进行大规模的旧城改造，使古城原貌得以完整保留。1986 年 12 月，国务院将丽江列为国家历史文化名城。1996 年 2 月 3 日，丽江古城经历了里氏 7 级的大地震，但古城建筑没有遭到大的破坏。1997 年 12 月 4 日，丽江古城被联合国教科文组织列为“世界文化遗产”。

二、没有城墙的“茶马古道”重镇

大研古城周围不筑城墙。在纳西族民间，对此有这样的解释：木氏居于城中，一筑城就将形成一个“困”字，无异于把“木”困住。这个说法与明代木氏土司不想坐井观天、困守边隅，力图容纳百川、广纳天下俊杰、博采众家之长的开放襟怀和明智策略是相呼应的。其实这与纳西人历来以高山峡谷为自然屏障和关隘、没有筑城防卫习惯、城乡防卫是一体的。以险关要隘进行整体的防卫是纳西人的观念，所以没有在平坝地区筑城防卫的习惯。

清雍正元年，清廷在丽江实行“改土归流”，流官们按照汉文化的城建观念对丽江古城进行了一些局部的改造，云贵总督高其倬奏请朝廷准建丽江府城墙。雍正三年（1725 年），首任丽江流官知府杨馝奉旨建城墙，以石头为墙基，夯土为墙体，墙头改瓦，城墙周长约 2.4 千米。城墙西起今五一街兴仁上段，东至今丽江市一中，南起南门桥，北至北门坡玄天阁。城墙设 5 道城门，都有楼，东门叫向日，南门叫迎恩，西门叫服远，北门叫拱极。城墙后来几次倒塌，古城百姓对此也不以为然，很快这短命的城墙就逐渐了无踪影，丽江古城恢复了四通八达、城乡之间没有屏障的本来面貌。看来历来对外开放的丽江古城天生就讨厌那种困守一隅、最后导致封闭的陈腐气息。

历史上曾出现了一条贯穿青藏高原和云贵高原的漫漫长路——“茶马古道”，这条古道是联结藏族、汉族、纳西族、彝族、傈僳族等众多民族的一条民族经济和文化交流的大通道。

在元明清三朝乃至民国年间，丽江大研镇成为滇西北政治经济文化的中心。在历史的进程中，也逐渐发展成滇川藏联结地带各民族贸易的重要集镇，即“茶马古道”的中转重镇。丽江之所以成为滇藏贸易的中转站，主要因为丽江是多元文化汇聚之地，其丰富多样的文化习俗、生活方式以及多种语言通用等，都能使来自天南海北的商家适应；丽江的气候、物产也使来自不同地方的人适宜。因此，很多商人到丽江就驻足不前，将此地作为他们的生意基地。于是，来自内地的各种货物、邻近地区的土特产品等，就多由熟悉藏族聚居区的丽江商人集中运输。藏族商人将各种藏地的土特产运到丽江后，也不再继续南下，就在丽江进行交易。

长期走“茶马古道”到西藏进行纳藏贸易的纳西商家在民间被称为“藏客”，其中最著名的“藏客”产生于大研古城。清末民初，走“茶马古道”当“藏客”的纳西人逐渐增多，如李鸿芬的“永兴号”、王少宣的“聚兴祥”、周石奇的“恒德和”、赵紫恒的“恒和”、杨子祥的“恒足祥”、李达三的“达记”、杨守其的“丽丰”、李烈三的“立记”、李震三的“永顺兴”、华寄天的“福兴昌”等，都依靠自己的马帮进藏族聚居区做生意。到民国年间，“茶马古道”的纳藏贸易更为繁荣。据统计，在清代和民国期间，丽江古城的“藏客”就有30多家。

七七事变后，我国沿海城市相继沦陷，中断了国际贸易，依靠西南地区的滇缅公路进口，但运输进来的货物数量有限，因此，滇藏“茶马古道”上的贸易便日益繁荣起来。1940年，太平洋战争爆发，滇缅公路被截断，所有的港口受到日寇的封锁，国际贸易通道仅剩下从滇川出发经拉萨再到印度的这条“茶马古道”。在这样的历史环境下，滇藏贸易得到空前的发展。“茶马古道”重镇丽江大研镇一时万商云集，商号林立。除云南各地商人外，来自北京、山东、四川等省的商人也来到丽江经商，形成了滇藏极盛的贸易，往来于丽江和拉萨之间的马帮由原来的四五千匹增加到一万多匹，甚至发动了大批西藏的牦牛帮参与运货，不分四季运转，把大量的洋纱、棉布、府绸、燃料、盘纸、手表、香烟、水笔、化妆品……源源不断地流入丽江市场。大研镇的大街小巷都摆满了外货，最盛时期，有中央银行、中国银行、交通银行、农业银行等四大国家银行以及益华、富滇银行、矿业银行、合作金库、兴文银行等金融机构在大研古城落户。大小商户达 1200 多家，其中拥有资金达 200 万元左右的就有十家左右，这些大商户都曾在印度、拉萨、成都、重庆、昆明、广州、上海、北京、香港等地设过商号或常驻商务人员。因此，当时有人称丽江大研镇为“小上海”。①

随着抗日战争形势的巨变，丽江在滇藏贸易

① 周发春：《纳藏贸易概况》，载丽江纳西族自治县志编纂委员会办公室编《丽江志苑》1988 年第 2 期。

中的重要性大大提高，不仅内地客商受滇藏印国际贩运带来的高额利润吸引，纷纷而来丽江开店经商，而且康藏数十户中小资本家和拉萨、昌都等地的中上层官商也参与了中印贸易，除了在葛伦堡和加尔各答设立商业机构外，又以拉萨为转发中心，先后在玉树、昌都、丽江等地设立固定或流动商号，以及转运站。

白族学者王明达、张锡禄在他们的著作《马帮文化》一书中说："在很长的历史时期里，内地来的商人因安全条件、语言、风俗习惯等不相适应，所以到丽江即止。同时康、藏商人也是到丽江就不再前进，其原因是对内地相当陌生。而丽江则与两地区接壤，边界相连，气候、语言、风土人情、生活习惯等基本融会贯通，起到藏地与内地经济交往的中介作用。纳西族在这方面有很大的贡献。在汉藏、白藏、纳藏等贸易交往中，纳西族的马帮起了极大的作用。"①

① 王明达、张锡禄：《马帮文化》，云南人民出版社1994年版，第122页。

三、有天籁之韵的城市和建筑

这深藏在横断山脉雪域大江怀抱中的丽江大研古城，是一个融汇着多民族灿烂文明的边城，既蕴含着高山莽原的阳刚之气、冰雪世界的空灵，又流荡着中原古文明的流风余韵。

大研古城的突出特色是那依循自然天成之韵致、亲和自然之风骨。古城四围远山如屏障，近城小山、溪流如骨架和经络，有商贸城镇之繁华，又不失一种田园城市的自然清雅之韵。

建筑学家认为，中国古代的城市平面形态大致分为两类：一类是带“方形根基”的理念形态；一类是“因天才、就地利”的自然形态。大研古城在形成过程中始终保持着一种似是无序、却有序的自然形态平面；始终保持了随自然地理营建城市的思路，即“城郭不必中规矩、道路不必中准绳”随其自然的方式。大研古城始终保持的自然形态平面，是本土文化的自尊、自信的胜利。[①]

① 参看蒋高宸编著：《丽江——美丽的纳西家园》，中国建筑工业出版社 1997 年版，第 77—78 页。

走进古城，便走进了一座独立不羁的边城，它有融汇大千、包容百家的气度，但又卓有个性、独立不羁；它有别于中国任何一个王城，虽然吸收了中原王城的一些文化风度，但未受“方九里，旁三门，国中九经九纬，经涂九轨”的中原建城礼制影响，不照搬古代中原王城的模式；在总体结构上融进了纳西人崇尚自然的审美传统和生活情调，使其成为一个自然流畅、人情味浓郁的边地古城。

古城依山就水、不拘一格地建房布街。民居建筑群随地势层叠起伏，错落有致，空间疏朗和谐。城中无规矩刻板的道路网，而是结合水系顺势修建道路，街巷纵横，不求平直，说不尽柳暗花明、曲径通幽之妙。在纵横交错的大街小巷中又常常别开生面地辟出宽阔的街头空地，可供居民茶余饭后的休憩，形成空间疏朗和谐的街景，又延伸了古城的集市贸易空间，还使城中建筑物和街道显得舒展有度、整体和谐。整个古城结构自由活泼而充满灵气，既有山城风貌又有水乡韵味，结构自由活泼而充满灵动之气，古拙与精巧相得益彰。古城虽得中原建筑神韵，但又不照搬古代中原王城的建制和模式。

古城的大街小巷，全用红色角砾岩石铺成，经无数人年年月月步履走磨，光滑洁净。大雨过后，石板呈现五彩斑纹，民间称其为“五花石”。条条街道临水盘旋萦回，构成“古道、小桥、流水、人家”的恬静居住环境和情调。

古城纵横交错的大街小巷中多留出宽阔的街头空地，不仅可供社区居民茶余饭后的休憩，又延伸了古城的集市贸易空间。古城既有山城风貌又有水乡韵味。

木氏土司衙署“木府”

明代是纳西族历史上一个重要发展时期。被视为“西南屏障”的木氏土司，深得明王朝信任和倚重，不闭关自守，积极引进中原汉族地区的生产技术和文化教育，广交中原名士，从内地引进文、医、教育、建筑、开矿、工艺制作等方面的人才俊杰到丽江。明洪武十五年，在古城设“丽江军民府”府署，丽江古城很快成为纳西族社会、政治、经济、文化的中心。木氏土司建筑了规模宏大的宫殿式建筑群，包括大型牌坊、木家院、皈依堂、玉皇阁、三清殿、光碧楼、经堂、家庙、万卷书楼、玉音楼、议事厅等。

木府宫殿式建筑群模仿北京紫禁城的建筑体制。一条河流从东南北三面环绕木府，也是模仿中原古代都城筑护城河的传统做法。环绕木府的这条河因形似一条长长的腰带，又名玉带河。府门前河流上的石拱桥，也仿北京天安门前的金水桥建成。

著名的石牌坊通体全采自下虎跳金沙江边的汉白玉石，跨度 9 米，高约 18 米；由 4 根石柱撑着牌坊上的碑、椽、檐和坊盖。匾额上镌刻着明神宗手书钦赐的“忠义”二字。乾隆《丽江府志略》中说，忠义坊“在土通判署右，高数丈，栋梁斗拱，通体皆石，坚致精工，无与敌者。明万历间，土知府木增奉敕建”。这个结构宏伟，雕功精湛的石雕建筑远近闻名，民间有“大理三塔寺、丽江石牌坊”之称。原来的石牌坊毁于“文化大革命”，现在的这座石牌坊在1999年按原样重新建成。

关门口是木氏土司衙署的进口处。从关门口进来即是第一道牌坊，是一座两座一门的木牌坊（毁于“文化大革命”，于1999年重建），其两侧前后用四个有云头的大石鼓抵住。木牌坊上刻龙凤呈祥图，牌坊两面有横额。重修的木牌坊的匾上大书“天雨流芳”（当代著名纳西书法家李群杰先生手迹）四字，纳西语即“读书去吧！”，充分体现了纳西人崇尚知识、重视教育的灵心慧性。

木府的殿堂楼阁依山势逶迤分布在狮山脚下，高低错落，起伏有致，自有山城古殿的独特风采。楼阁雕饰彩绘富丽古朴，梁伟柱壮，气象萧森。一片苍苍茫茫的黛青色琉璃瓦，典雅庄重，氤氲着一派明代古建筑的浩浩大气。府内“玉沟”纵横，活水长流的布局，又体现了丽江特有的风水和建筑文化特点。

木氏土司在建造自己的宫殿式建筑群和建构古城时，根据纳西族喜欢朝向太阳的习惯和东方属木的特性，木为纳西东巴教中的神秘崇拜物，亦为皇帝所赐纳西土司之姓，因此欲得“木”之气而盛的想法，坐西朝东。明末到丽江的大旅行家徐霞客曾在他的游记中这样写道:“丽江诸宅多东向，以受木气也。”（丽江的住宅多是东西向，用意是为了得到“木”的吉祥之气，因东方属木。）

木府内，将一座巍峨而充满书卷气的“万卷楼”置于土司谈论国事家事的前议事厅与后议事厅之间，亦是木氏儒雅博学、推崇文明的写照。木氏土司素以开门笑迎八面风，广采博纳各民族文化精粹著称于世，广泛收藏中原各种典籍，在丽江刊印《大藏经》，史称“丽江版《甘珠尔》”，在滇川藏的纳西和藏族中传为千古佳话。

为避困守弹丸之地之讳、彰明广纳天下豪杰和智慧之志，木氏土司不在古城筑城墙。他们的开明睿智，博得众多中原名士高人和西藏活佛高僧的赞赏，《明史·云南土司传》中曰：“云南诸土官，知诗书好礼守义，以丽江木氏土司为首云。”明代，西藏噶玛噶举派八世和十世活佛曾先后访问丽江木府，推动了该教派在滇川藏地区的广泛传播。木府的各个高堂明室中，留下了汉族、纳族、藏族、白族等族文化、经济和宗教交流的千古佳话。

“全藏法王”——藏传佛教噶玛噶举派黑帽系十世活佛却英多吉在黄教和白教的残酷争斗中逃往今丽江，避藏于纳西土司家中，长达31年。

1999年正式落成的新修木府非常成功地再现了昔日这丽江“紫禁城”的崔巍气势，现在的木府占地46亩，中轴线长369米。主体建筑有木牌坊、忠义坊（石牌坊）、仪门、议事厅、万卷楼、护法殿（又称后议事厅）、光碧楼、玉音楼、三清殿、配殿、阁楼、戏台、过街楼、家院、走廊、宫驿等15幢，大小屋宇162间，依山势逶迤分布在狮山脚下，高低错落，起伏有致。

木府议事厅的门楣上悬挂着三块大匾，上面分别书写着明太祖、明世宗、明成祖赐给木氏土司的“诚心报国”四个大字。此外，在其他大殿里还有七块明朝皇帝钦赐木氏的匾，充分反映了明代木氏土司与中央王朝之间的密切关系。

木氏土司在古城的宫廷式建筑在明代已蔚为壮观，独领风骚。徐霞客在他的《滇游日记》中曾惊叹木府的建筑曰：“宫室之丽，拟于王者。”由此可见其壮观。此外，当时古城的民居建筑已颇具规模，徐霞客曾描述丽江古城“居庐骈集，萦城带谷”，“民房群落，瓦屋栉比”，可见民居繁盛之景象。

木氏土司府门迎东方朝阳、背枕狮子灵山，在狮子山上遍植柏树，相传在狮子山上还养过纳西人所崇拜并被视为门神的老虎，至今木府院内还有一个被称为“拴虎石”的钟乳巨石，以及一棵古树。小时听老人讲，木府的老虎曾走失，逃到南面的“拉趣瓦”（意为“赔偿老虎之村”）

村一带后，被村人抓住。后来木府责成该村赔偿老虎，因而形成这个地名。

话说古城街巷

木氏土司的府第虽然巍峨壮观、模仿中原王者气度，但是也没有落入中原皇宫帝苑“居中为尊”、一切其他建筑皆须围绕王宫而建的俗套。作为全城中心的则是商贾云集的四方街，如蛛网般纵横交错的街道像星光般从四方街这一最明亮的商贸中心向四方八面辐射。从中可看出古城最初形成于乡村集市，最终也因商业贸易而繁荣。这与古城千百年来作为“茶马古道”重镇的历史密切相关。

古城区域有五个街道办事处：新华街、新义街、五一街、光义街、七一街。在这五条街道中，有 30 多条主街和主干巷道，以及数百条小巷道纵横其间。以四方街为中心，呈放射状，四通八达，回环连贯。自 20 世纪 70 年代以来，新辟的居民区北门街与古城连成一体。古城是“茶马古道”

上的商业重镇，兴于商，繁荣于商，因此，四方街和主干街巷两旁的民居建筑结构大都是这样的结构，即临街一面开铺子，用于经商，或为手工作坊，内院为住宅。

外地人对古城那无数曲径通幽、曲折莫测的小街小巷既向往又望而生畏，单独走进这些密如蛛网的小巷,往往目迷五径,有的或半天走不出来，有的则是走来走去老是回到原处。古城人是非常乐于为陷入迷宫中的游人指点迷津的，不少人常常热情地把迷路的游人像带小孩一样地带到“柳暗花明”之处。

古城的街道，经历代官修、居民自修、商户捐款集资修建等多种方式修成。街面铺上宽厚各20厘米左右的五花条石，雨天不泥泞，晴天不扬尘，经数百年人马走磨，平滑如砥。雨过天晴，石纹毕现，五彩斑斓。

话说纳汉交流

历史上，汉族文化对纳西族的影响非常大，

是促进纳西族经济文化发展的重大动力，也是引发纳西族文化重大变迁的主要因素。

一、酷爱学习汉文化的木氏土司与人才辈出的纳西族

丽江纳西人一直以开放的态度接受和学习汉文化，根据史书记载，丽江在明代曾有过教汉文的学校。中原大文人、行者徐霞客到丽江时，木增请他在汉学上指教其子，以“窥中原文脉”。纳西木氏土司努力学习汉文化，他们中的一些人成为杰出的用汉文写作的诗人和散文家,《明史·云南土司传》中说：“云南诸土官，知诗书好礼守义，以丽江木氏为首云。”纳西土司木公的诗选入沈德潜《明诗别裁》中；木公、木增等人的诗集选入了《云南丛书集部》及《古今图书集成》等书中；土司木增所著的《云薖淡墨》还收入了清代的《四库全书》中。木氏土司的汉文著作成为研究明代汉学和汉文诗词对少数民族上层影响的宝贵资料。木氏土司广交中原名士，从内地引进文、医、教育、建筑、开矿、工艺制作等方面的汉族人才，引进

汉文典籍。木氏家族成员努力学习汉文化，其中一些人成为著名的汉文诗人，中原的各种文化逐渐向纳西族社会渗透。

在清代，丽江纳西族的汉学教育得到长足发展。素以勤勉朴实和有进取精神著称的纳西人以极大的热情努力学习汉文化，很快在城乡形成浓郁的学习风气，出现了一大批能诗善文、熟悉汉文化的知识分子。据光绪《丽江府志》记载，自1723年的"改土归流"到清末，丽江纳西族中培育了翰林2人、进士7人、举人60多人（其中有武举数人），还有副榜10余人、优贡3人、拔贡20余人以及其他贡生110余人。近代以来，仅民国初年到中华人民共和国成立之前，丽江纳西族曾在北大、燕京、清华、中山等大学就读，或赴日、法、美、苏等国留学的就有几百人。据1985年的统计，纳西族的大专生比例为0.6%、中小学生比例为17.14%；纳西族是云南省文盲率最低的一个民族。据2000年第五次全国人口普查，云南纳西族大学本科生有3005人、研究生 122 人。每万人中，拥有大专及以上文化程度的人数为 312 人、高中文化程度的人数为 1015 人、初中文化程度的人数为 2536 人、小学文化程度的人数为 4031 人。今日丽江古城中那种诗书传家、琴瑟和鸣的氛围，很大程度上得益于纳西族对汉文化的吸收。

二、丽江纳西聚居乡村常有一座汉传佛教寺庙

木氏土司还广泛吸收汉传佛教、道教文化。汉族的宗教文化在纳西族民间的影响逐渐蔓延。汉传佛教在明代初年传入丽江纳西族地区。木氏土司是虔诚的佛教信徒，他们除了在纳西族和康巴地区弘扬藏传佛教外，也信奉汉传佛教。《明末滇南纪略》中称："丽江土官自明朝开国以来，俗多好佛，常以金银铸佛，大者丈余，次者八九尺，再次者二三尺不等，如是罗列供养。"吴大勋《滇南闻见录》中说："木氏土司崇信佛教，所有营建寺庙极华丽，有藏经楼藏经，全部经文皆楷书所缮……"

明代纳西族土司特别是木增极力倡导汉传佛

教，广泛与和尚交游。他曾与云南呈贡高僧见晓（后改为苍雪）法师共同参补《华严海印忏仪》。木氏土司在明代盖了庞大的汉传佛教寺庙群，其中著名的有福国寺、法云阁、琉璃殿、大定阁等。福国寺曾被徐霞客誉为“丽江之首刹”。此寺原是佛教禅林，旧名解脱林，后明熹宗赐名福国寺。云南的鸡足山是西南著名的佛教圣地。木增花巨资在鸡足山上捐盖了规模最大的寺庙——悉檀寺，并置田产；又于华严寺建藏经阁。明熹宗根据木增的要求，赐佛经藏于鸡足山，并赐名该寺为“祝国悉檀寺”。木增还专门请徐霞客修《鸡足山志》。

在清代，汉传佛教在丽江地区得到进一步的发展，又增建了60多个大小寺庙，分布在城乡各地。到20世纪50年代前，丽江县（今丽江市玉龙县和古城区）比较大的村寨几乎都有一座或几座寺庙。寺庙中的和尚也多是纳西人，他们中的一些还兼私塾先生、传播汉文化。丽江纳西族到鸡足山等省内外佛寺当和尚者不少。清代以来，还出现过妙明、正修、谛闻等省内外知名的高僧。

三、道教传到了“纳西古王国”

道教最迟在明代中叶传到丽江。据史书记载，明中叶，有全真派道士云游至丽江。正一派道士亦由木氏土司从江浙延请到丽江居住。今居大研镇的道士后裔张之蛟家谱记载，其先祖由浙江嘉兴府桐县迁来，至张之蛟，已有18代定居丽江，谱中载有历代祖先姓名和道号。

木氏土司于明代在丽江修了吴烈山神庙、東河九顶龙王庙、大觉宫、七河大玉初神庙等宫观，还在鹤庆捐建太元宫。据《某氏家谱》记载：“土司木增，道号雪山道人，曾前赴武当山太和宫，迎请真武圣像，至丽安放于崖脚大院。”

木氏土司又从内地请来道士张觉义到丽江传播道教，至今，张氏已有21代在丽江已经定居，住光义街、七一街、五一街等处。仅光义街6家大户繁衍至今，已有50户左右。其后，木氏土司又请潘氏定居丽江，传播道教，潘氏“原籍南京当涂县人，一世祖昭信校尉潘公旺陶氏务道教，移居鹤庆后到丽江。第十一代潘朝海李氏为迁居丽江始祖，务道教，法事高强，外号赤贞子，因木土司重用而迁居丽江”。

清雍正元年丽江“改土归流”后，道教在丽江得到进一步的发展。除了明代所建的道教庙宇外，清代时期，丽江各地增建了不少道观，文昌宫和村寨庙堂与日俱增。据《光绪丽江府志稿》记载，清代丽江“佛寺颇多，道观次之”。

文化的交流从来就不是单向的，汉藏文化固然深刻地影响了纳西族文化；反之，纳西族文化又何尝没有深刻影响过汉藏文化呢？在不断地被汉族同化的明清两代，“纳西古王国”却以一种神秘的力量同化无数来到这里的汉族移民，让他们变成地地道道的纳西人，这便是明证。在中华民族、中华文明的形成和发展史上，不仅“少数民族离不开汉族，汉族离不开少数民族”，而且同样重要的是少数民族也离不开少数民族。假若纳西族和藏族在历史上没有那么多的频繁交流，就难以形成融汇纳藏宗教文化于一体的东巴文化，难以促成滇西北藏传佛教的发展和“茶马古道”

的商贸繁荣，难以形成如今滇川两族聚居地互补互动的多元文化。

四、纳西文化影响汉族移民

据历史学家的研究，云南在明代以前，人口以少数民族占大多数。明朝实行军屯制度，大量的汉族士兵携带家属来到云南，于是，很多少数民族逐渐被汉族同化，汉族人口慢慢超过了少数民族人口。[①]

据调查，丽江古城及近郊在 20 世纪 50 年代之前有 138 个姓，50 年代后有 89 个新增的姓。[②]如张、王、李、赵、杨、孙、钱、江、蒋、桑、姚、吕、曹、曾、黄、易、赖、苏、姚、阙、邱、宣、吴、杜、傅等姓氏，在丽江古城都可以找到，而这些外来户讲着纳西语，娶纳西妇女或嫁纳西汉子，穿纳西服装，早已成为地地道道的纳西人。

---

① 尤中：《云南民族史》，云南大学出版社 1994 年版，第 352 页。

② 唐有为：《丽江姓氏考》，载丽江县政协文史资料编辑委员会编《丽江文史》（第十九辑）2000 年版，第 1 页。

丽江古城最终成为中国一个少有的将汉族传统文化和少数民族文化水乳交融为一体的古城，自明代以来，一批又一批定居古城的汉族移民陆续接受了纳西人的语言、服饰以及生活习俗，而最终成为纳西人；与此同时，他们带来的种种汉文化也融进了纳西古国的灵魂和肌体中。

明清时期，移居丽江的汉族居民把汉文化带进丽江，也娶纳西妇女、嫁纳西汉子，也学习纳西语言。他们生活在纳西族社会，必须尽快学会当地语言，这一点容易理解。但除此之外还有几个关键因素，如纳西族民间最大的节日，同时也是东巴教最大的仪式——“祭天”的最基本原则是参与者必须讲纳西语，严禁讲其他民族语言。丽江古城如“斯吉”“母空”等村落中的很多汉族移民在明清时接受了纳西族的祭天习俗，他们首先就得尽快地学习纳西人的语言。直至 20 世纪二三十年代移居到丽江古城的汉族人，也学会了纳西人的语言。

纳西语对丽江古城汉族移民的影响，至今仍

然可以看得出来。从20世纪50年代以后移居丽江古城的汉族居民大多数已经只讲汉语，但在他们所讲的汉语方言中，有一个相当有趣的现象，即他们的汉语中借用了一些有丰富含义的纳西语语尾助词，以加强语言的表现意义。如他们说“是不是”，云南汉语方言是“格是”，但丽江汉人则说“格是少”或“格是勒”。“少”（sa）和“勒”（lei）是纳西语中的语尾助词，有不同的加强语气之含义：“少”一词在问句中有了表示惊疑、惊奇的色彩；“勒”在问句中就有了特别希望被问的人来证实之含义。

纳西族传统的公开社交、青年男女自由交往的习俗也影响了古城的汉族移民，冲淡了儒家礼教中“男女大防”“男女授受不亲”“未婚女子幽居深闺”等习俗。在各种节日和庙会上，古城的青年男女能公开社交，一起跳火把、逛庙会、游集市。清代派来管理丽江的一些汉族流官囿于封建礼教，曾制定不少禁止妇女参与庙会、灯会、禁止青年男女在这些场合“混而无别”地社交的条例。[1]受到纳西族男女自由社交习俗深刻影响的古城汉族移民仍然保持了这一习俗。

纳西族妇女在社会生产生活中扮演着十分重要的角色，因此，她们从不缠足。这种习俗也影响了古城的汉族移民，除了极个别官家和大户人家的女眷属外，绝大多数古城的汉族移民女子都不缠足。久而久之，她们被同化为纳西族，成了滇川藏地区以吃苦耐劳、闻名遐迩的“纳西古王国”女子中的一员。在丽江古城庞大的纳西巾帼英豪队伍中，有相当一部分是逐渐被纳西族同化的汉族移民后裔，她们被丽江这一方风水、民风民情陶冶改造成与汉族社会妇女截然不同的一个女性群体。20世纪30代初，在丽江调研的王图瑞先生记曰：“丽江风俗的特色，就是妇女能够谋得经济的独立，向来没有缠足的陋俗，所以，她们体力强壮，能忍苦耐劳。一家的家事盛衰成败，与妇人有密切的关系……妇女界因为经商的结果，

① 杨福泉：《多元文化与纳西社会》，云南人民出版社1998年版，第132—133页。

公然也有拥滇币五六万元者，真是国内妇女界所难得见着的事。”王先生并慨叹曰：“我常说丽江妇女，倘再能受得着一个新时代教育的机会，那可要成为世界上新妇女之楷模咧！”[1]

“改土归流”双面观

从清朝雍正年间起，清朝政府在西南民族地区实行大规模的“改土归流”政策，废除各地的土司制度，设置府、厅、州县，委派流官；实行与内地相同的政权体制，以儒家礼教和内地汉俗为标准进行地方管理。这一重大的政治变革使很多西南民族地区的社会组织、社会结构和文化都发生了重大的变迁。

雍正元年，丽江也实行了“改土归流”。丽江在西南属于清朝诸种政策随着这一政治变革得以顺利施行的地区。从雍正元年至宣统三年（1911年），前后共派了75个流官知府统治丽江。这些

① 王图瑞：《云南西北边地状况纪略》，载《边地问题研究》（上卷），昆华民众教育馆1933年版。

流官按照清朝政府的政策，在一百多年间实行了一系列的变革。其中，有不少措施促进了丽江纳西族的生产生活、改善了地方的汉文化教育。如清雍正二年（1724 年）到丽江首任流官知府的杨馝和乾隆元年（1736 年）任丽江知府的管学宣所采取的几项变革措施在这方面功绩卓著。这些措施包括废除木氏土司封建领主庄园，“劝农桑”，发展生产；“设义学”，推广汉文化教育。在推广汉文化教育这方面，在管学宣任内，施行“有子弟不赴学，严惩父兄者；又有百姓不赴学，究责乡保者”等措施，从而使丽江纳西族中形成了浓郁的读书风气，彻底改变了因木氏土司实行只让土司子弟学习汉文化的做法而造成的丽江无学校教育的状况。通过府学选考生员，被推荐到京师的优贡 3 人、拔贡 20 余人、副榜 10 多人，考中举人 60 多人、进士 7 人，进士中因优于文学，被朝廷最高学术机构翰林院选为庶吉士的 2 人。

清代丽江的“改土归流”对促进纳西族的经济发展和学校教育等的积极作用是毋庸置疑的。

但它对丽江纳西族社会也产生过一些负面的影响，当时的清廷政权在纳西族地区强制性地禁止火葬，强化封建家长制，导致纳西族地区产生了重大的社会矛盾和发生了文化变迁，加剧了纳西族优秀传统文化的衰落。[①]

纳西族的教育发展

清雍正元年，丽江也实行了“改土归流”。木氏土司被降为土通判，其影响大为削弱。从此，纳西族地区的汉文化教育进入了发展时期。第一任丽江流官知府杨馝在教授万咸燕的帮助下建办了雪山书院。在乾隆年间，丽江知府管学宣和万咸燕重修书院，资助学校，购置图书，还请内地名师到丽江教学；继雍正年间设立白沙、兰州、下井三个义学馆后，又在各个乡里设立忠义、束河、白马、喇沙、吴烈、七河、九河、巨甸、通甸等18个义学馆，吸收平民子弟入学。在管学宣

① 参看国家民委《民族问题五种丛书》编辑委员会：《中国少数民族》，民族出版社2009年版，第521页。

任内，“裁减乡约养廉银（一种奖励性的薪水）一百三十二两，分给各馆，永供束瓒”，这样，“穷乡僻壤，广设义舍，俾有志向学者，得渐次教育之”；施行“有子弟不赴学，严惩父兄者；又有百姓不赴学，究责乡保者”等措施；与名师万咸燕一起经常认真考察教学情况，“每夜深行察勤读书者，识其门，资以薪米，由是士风日上”，从而在丽江纳西族中形成了浓郁的学习风气，改变了因木氏土司只鼓励土司子弟学习汉文化而造成的纳西民间欠缺汉文化教育的状况。乾隆年间，提学蔡嵩说：“余视学至叶榆（今大理），丽人士争来就试，阅其文清恬醇谨，与滇西诸邑不相上下。”乾隆《丽江府志略》中写道：“今读书入泮者多，彬彬尔雅与齐民无别矣。”

至光绪年间，丽江纳西族儒学教育已发展到相当高的水平。当时，在兰州（今兰坪）的刺鸡鸣盐井，新办了天鸡书院；又在各乡里增设了黄登、阿喜、石鼓、鲁甸、刺宝、东山、大具、南山、江东、江西等十个义学馆。这样，丽江有了雪山、玉河、天鸡等3个书院以及31个义学馆。

此外，随着儒学教育的普及，地方上的读书人不断增多,其中多数人不能进入仕途。为了谋生，有的读书人被城乡百姓聘为教师，设塾施教，为家乡培养子弟；有的家境较为宽裕，无意于仕途，而有志于办学授徒；也有一些文人谋到一官半职，谋不到官时则回乡办私塾，这样，丽江城乡的私塾不断增多。在读书人较多的乡镇,设有多所私塾。自清代至民国初，私塾是丽江县教育的一种重要方式，城乡都出现过不少有名望的塾师，有的是世代相传。他们为发展地方教育、培养人才起到了积极的作用。如明代被木土司请至丽江、世代开馆授学、历举“孝廉方正”的杨氏家族，被当地人称为“忠义老师”。丽江私塾大致可分为三类：一是村学，由较大的村庄或相邻近的村民自愿集资开办，推举热心教育的绅老村民为校董或管事，延聘教师来村设馆；二是私学，由有声望的清贫学者在家中或在本村祠堂、庙宇内开馆授业，学生慕名登门拜读；三是家学（族学），官绅、地主、富商聘请有名望的塾师来家中教育子女或家族中至亲子弟。[①]

光绪年间，随着全国性的戊戌维新变法、办新学的社会风气在丽江纳西族地区兴起。清光绪三十一年（1905年），清廷正式废科举，兴学校。在丽江，由当时的丽江县令张嘉壁与纳西族进士和庚吉、举人周兰坪等配合，在原有雪山、玉河等3个书院和30多个义学馆的基础上，在丽江木氏土司府旁率先建立了丽江高等小学堂。这所小学堂是纳西族地区创办最早的一所新式学校。[②]光绪三十年（1904年）到丽江上任的知府彭继志也是个主张变法、拥护新政的开明官吏。在他的主持下，于光绪三十二年（1906年）创办了丽江府中学堂[③]、师范学堂、实业学堂、丽江府高等教授

① 丽江县志办公室编：《丽江纳西族自治县志·教育志》（初稿）。

② 丽江县政协文史组编：《丽江文史资料》（第一辑），1985年版，第104页。

③ 这是云南继昆华、大理之后的另一个学堂，后称省立第三中学。

新学的学校。有的学校还开设藏文课程，吸收边地藏族子弟入学。这些学校的校长多由学识较高的纳西人担任，也聘请汉族、白族品学兼优的教师。这些措施为新学的发展打下了良好的基础。知府彭继志还设法从内地买来大型的铅印机，请来外省的工匠刻铸铅字，成立丽江府活字版制造所，就地印刷所需的各种教科书，并推销到附近的民族地区；还组织当地各民族的人才，创办了《丽江府白话报》，于光绪三十三年（1907 年）铅印出版。这份白话报宣传优胜劣败的进化论思想，抨击时弊、封建糟粕，谴责帝国主义对中国的侵略，主张学科学、发展教育和实业来拯救中国，还研讨开发丽江地区的资源问题。《丽江白话报》传播了发愤图强的爱国主义思想，紧密配合全国变革发展的新形势，受到人们的欢迎。它的发行范围，从原来府属 5 个县的学校，扩大到全省的各个府厅，于是，丽江的学校教育和社会教育面貌为之一新。为纪念知府彭继志开发边疆汉学教育的功绩，后人在丽江中学建祠堂，以纪念他。[1]

在丽江实行新学后，还进行了一些饶有特点的措施。据纳西族著名教育家和志坚所撰《丽江教育小史资料》载："丽江县城附近有所谓五大寺者。各寺以喇嘛住持，均持诵藏文经典，汉文不识只字。五寺喇嘛，共有二百余名，都系本地男子所剃发者，各享住持产业，年供吃食而有余。为研究佛学计，为国家发展文化计，为国内民族所用之语言文字统一计，此项喇嘛有认识汉文之必要。"光绪三十四年（1908 年），"将教育推进佛门，拟感化红教（按：应为白教，即藏传佛教噶举教派）喇嘛，于福国寺、指云寺、文峰寺（与玉峰寺、普济寺联合，亦称文普玉初小）"，"均以各该寺之幼龄喇嘛为学生"。1912 年，"创设乡立喇嘛蚕林传习班于指云寺，以寺僧须诺罗登为管理员。经费以红教七寺常住提充，仅办一班，喇嘛学生共三十二名，限定一年毕业"。在1913 年，

① 李近春、王承权著：《纳西族》，民族出版社 1984 年版，第 52—53 页。

还采取过选送喇嘛学生到县立高小插班学习的措施。1931 年，“拟沿用民国二年插班办法，又恐僧俗学龄程度相悬，复以尽弃其学而学汉，则非僧非众所乐从。于是就县立高小学校，附设僧会高小一班，特设藏文教员一员，每周分授藏文六小时，其余普通课程及行政事务，均由该校校长职教员兼任。僧会班学生由福国、指云两寺各出七名，文（峰）、普（济）、玉（峰）三小寺各出七名，总合二十一名。如此办理，庶可免上述诸弊，汉藏可以恢通”[①]。这种兼顾僧侣的藏文宗教典籍学习和现代汉学教育于一体的做法亦是丽江纳西族历史上对外开放、乐于接受外来文化风气以及宗教世俗化的表现之一。

清末到民国年间，丽江大兴新学教育，改良私塾。如纳西族教育家和志坚所言：“诚以一切私塾，百分之九十五以上，专以四书五经等旧书为教材，不本国家之教育宗旨，不顾潮流之倾向，

---

①② 和志坚：《丽江县教育小史资料》，载丽江县县志办公室编《丽江志苑》1986 年第 3 期。

是宜专造宜古不宜今之人才，是即专造不合用于国家社会之人才。”“丽江风气闭塞，旧学势力，胜过新学，教授四书五经古文之私塾超过公立初小校数。”[②]通过采取改良私塾为私立初级小学校等措施，推动了丽江的新学教育，在很大程度上消除了旧儒学的很多弊端和对纳西族社会的不良影响，培养出新一代思想开明、具备近代的科学文化知识、视野广阔的新型知识分子。丽江不少有识之士积极倡导新学，吸收外来的科学文化。一些纳西族学子到北师大、燕京、清华、中山等著名大学学习新文化和科技知识，有的则远涉重洋到国外留学，如光绪三十一年到日本学师范教育的周冠南、民国初年到法国攻读法律的李汝哲、到日本帝国大学学习的李耀商和到日本学习军事的李汝钧等。

学生们在丽江的新学堂里接受新教育，兼习中西学，系统学习理、化、动、植、矿、史地、音乐、图画等课程。以《新青年》杂志创刊为代表的新文化启蒙运动的思潮、提倡科学与民主的新文化运动以及五四运动，对丽江纳西族的新文化教育起了极大的促进作用。丽江先后出现了陈可轩、方国瑜、和志钧、和志坚、范义田等优秀知识分子。他们在丽江提倡反对旧思想、旧道德，改良风俗，破除迷信，提倡男女平等思想；大力推行新教育，创立新学校，提倡白话文，把地方文化教育逐步引入新的轨道，为抗战时期丽江地方文化教育的繁荣，奠定了较好的基础。五四运动前后，丽江各大村子都已建小学校，计有公立初小、高小等共91所。在学校教育中，大力提倡新文化，反对旧文化；提倡白话文，反对八股文。在1929年到1937年期间，丽江纳西族的教育有了很大的发展，仅县属初小、高小学校就增加到230多所。这一时期，不少纳西族青年学生考入北师大、燕京、清华、中山等大学。

抗日战争爆发后，由于内地和东南沿海先后沦陷，全国一些著名大学（如北大、清华、南开、中法等）迁滇，为云南教育事业的发展提供了十分有利的条件。当时，以纳西族著名教育家和志坚为校长的省立丽江中学聘请了一批联大、云大和其他大学毕业的、有真才实学和新思想的青年教师和经验丰富的外地老、中年教师任教，对提高教学质量起了重要的作用。丽江中学跨进了被后人称誉的“极盛时期”，教学质量达到相当高的水平，毕业生在全省统考中名列前茅，被誉为“滇西北文化教育的摇篮”。

1941 年，教育家汪懋祖到丽江开办丽江国立师范学校。丽江国立师范学校成为一所兼有各民族的小学教师人才培养中心，不仅为滇西北 14 个县培养了大批教师，为滇西北小学教育的发展做出了重大的贡献，而且对纳西族的古文化、民情风俗、东巴文化也做了大量的收集整理工作。这所学校设立北平图书馆丽江纳西东巴文办公室，由纳西族研究东巴文化的先驱周汝诚主持，聘请东巴做收集整理、注音翻译等工作，保存了不少纳西东巴古籍。这可以说是国内首次有计划地组织翻译整理东巴文化古籍，而纳西族传统文化的东巴文化在过去被历代封建王朝统治者压制，因此，这一项工作具有非同寻常的意义。除国立师范外，丽江县还成立了县立中学和私立幼稚园，大多数乡（相当于现在的区）都设有高等小学校；县镇所在地建立了“群众教育馆”“群学所”“努力读书社”等组织。20世纪40年代末，丽江共有各类学校247所、在校学生13800多人、教师440多人。丽江教育有了一定的规模和基础。[①]

随着汉文化教育在丽江纳西族地区的不断发展，在纳西族社会中逐渐培养起越来越浓的学习风气和孜孜不倦的进取精神。重视教育，尊重教师，重视培养人才也成为纳西族一个突出的传统美德，在社会上形成以培养子女读书成材为荣的良好风气。在民国年间，在丽江城区和郊区农村有许多市民、农民靠卖苦力、卖凉粉、磨豆腐等小本经营谋生，供子女上学读书。在农村，不少贫苦人家靠卖柴、卖草供子女上学读书。纳西族还普遍

① 张大群：《略论丽江纳西族的学校教育》，载《云南民族教育研究》，云南民族出版社1988年版。曾广鑫：《抗战时期丽江教育文化纪略》，载丽江县政协文史组编《丽江文史资料》（第五辑）。

有兄嫂供弟妹读书或几个兄弟姐妹供一个兄弟读书的传统，甚至不惜卖田卖地也供子女上学读书。

丽江纳西族以开放的态度接受和学习汉文化，特别是 20 世纪以来的近代和现代科学文化知识促进了丽江的近现代文明，产生了不少有成就的学者、专家和大批具有现代文化知识的新型知识分子。据不完全统计，近 80 年来，有约 1000 名纳西族大学生，平均每 1000 人中就有 6 名大学生。

汉学教育和浓郁的学习风气进一步促进了纳西族社会儒雅文明风气，以及好读书、尊师重教的社会风尚。无论城乡，很多纳西人都喜欢文学、音乐、美术、书法，以及喜欢收藏书籍。在很多城镇乡村都有不少能书善画、会写古体诗词的人。曾长期居住在丽江的俄国学者顾彼得（Peter Goullart）写道“丽江男子精通的不仅是音乐，有些则终生致力于绘画。花鸟是他们宠爱的主题”，“不少纳西人成了汉学家，写出优雅的诗歌和散文，即使老于世故的汉族学者也无法轻视”。过去，在今古城区和玉龙县就有数十个自发组织的洞经、皇经古乐队。过去参与这两种古乐队的人都是官绅阶层和男子，而现在的参与者则有老幼妇孺、教师、医生、大学生、手工业者、工人、农民、屠户等。当年的道教音乐组织活动已经发展成一种生气勃勃的群众性文娱活动，“大研古乐队”应邀赴北京、香港、伦敦等地演出；成千上万的中外游客慕名来丽江聆听以洞经音乐为主的纳西古乐；不少国家的电台、电视台播放“纳西古乐”，产生了较大的影响。

自古以来，纳西族地区就是教育发达、文化人才辈出的摇篮。清代出现了翰林 2 人、进士 7 人、举人 60 多人；近代出现了许多作家和留学生。到 2000 年，已出现了 5 位大学校长、30 名博士、300 多位教授。[①] 2003 年底成立的，以推动纳西文化学习交流为宗旨的青年纳西学会，聚集了以研究生为主体的 70 多位云南各高校的纳西文化爱好者，其中纳西族的硕士和博士研究生有 50 多名。

---

① 郭大烈、周智生：《家住长江第一湾的纳西族》，湖北教育出版社 2006 年，第 13 页。

这些不断成长的纳西族文化人才，成为纳西族地区经济社会发展的“重要智库”和“高端人力资源储备库”。反思云南纳西族地区新中国成立60年来的风雨历程，纳西族人在文化教育和民族文化人才上的培养投入，其所产生的效益是其他任何投入所不能比拟的。丽江文化旅游业的崛起勃兴、民族文化产业的发展策划、丽江古城的创新保护、纳西文化的传承弘扬等攸关纳西族生存发展的大事，都离不开一大批纳西族本土知识分子的支持与无私奉献。一定程度上，新中国成立60年来，纳西族最值得称道的发展经验启示应该就是“任何时候都重视文化教育不动摇，任何困难都首保教育不松懈”。一个团结而进取的民族文化人才队伍的培育与薪火相传，是纳西族经济社会发展的重要基石。这个启示值得纳西族进一步重视和传扬。

泸沽湖畔“女儿国”

在“纳西古王国”的土地上，洋溢着远山野

情的“东方女儿国”，吸引了无数的人。

在距丽江市宁蒗县县城72千米的泸沽湖畔，居住着自称“纳”或“纳日”的纳人。按国务院1954年的民族识别和确认，他们是纳西族的一个支系。丽江的“纳喜”[①]人和永宁的纳人送死者灵魂回到祖先之地的“送魂路线”都是一致的，有些短程的路线虽有差异，但到了四川木里的远程路线却总归为一，最后送魂的终点站都称之为“司布阿纳瓦”（或译为“斯波安纳瓦”），这说明“纳喜”和“纳”“纳日”是同源同宗的族群。

现在，人们常称这个自称“纳”的纳西族支

---

① 为了使读者弄清楚纳西族各个支系的自称，这里用“纳喜”（而不是用“纳西”）译音来指称丽江纳西族的自称，“纳罕”（或译“纳汗”）为今香格里拉市三坝乡纳西族的自称；而“纳”（或纳日）则为永宁纳西人的自称。

系为摩梭人。[1]这一族群以其神秘的母系制文化和暮合晨离的“阿夏”走访婚习俗吸引着整个世界，无以数计的人纷纷来到这个犹如仙境的美丽高原湖畔，来领略母系文化的魅力。

世界上迄今尚存的母系制社会已凤毛麟角，因此，泸沽湖畔纳人的母系制自改革开放以来就成了广受国际学术界、文化界关注的中国民族社会文化热点之一，同时，它也成为滇西北旅游热潮中的一个重要文明景观。越来越多的国内外学者对这个“女儿国”进行全方位的研究。

一、母亲湖边的母系大家庭

泸沽湖地区纳人的亲族组织具有比较古老

---

① 宁蒗县永宁乡的纳西族（“纳”或“纳日”）目前普遍地被称为摩梭人，此非本族自称。摩梭、麽些、摩挲、麽些等在所有的汉文史籍中是对分布在滇川藏地区的纳西族的称呼。摩梭人与纳西族分开称呼的结果导致了不少人对纳西族历史的误解，以为史书上的“麽些”“摩梭”“摩挲”等只是指永宁等地的摩梭人。长此以往，势必造成对中国民族历史理解的混乱。因此，笔者认为，应该遵循“名从其主”的原则，随永宁纳西人的自称“纳”（na）而用“纳人”一词。如今国内外一些学者也用“纳人”或“纳日人”来称呼该族群。

的特征，享有共同的始祖和家族名称、共同的祭祖活动和公共墓地；过去有少量共有的家族公地；有类似家族长的人物——“斯日俄米”，个别家族的“斯日俄米”已成为世袭者；保留着同一家族聚居的血缘村落残余等。纳日人有母系家族组织“斯日”，后来母系家族逐渐分裂演变为母系家庭。到20世纪50年代前，“斯日”内部各家之间的经济联系已经不多。纳日人把母系氏族叫作“尔”，直至20世纪60年代，永宁纳日人的绝大多数家户还能说出自己分别属于“西”“牙”“胡”“俄”等四个母系氏族。这些古氏族与丽江纳西的“素”“尤”“梅”“伙”等四个古氏族有源流上的密切关系。永宁纳人的家庭形式主要有三种。

（一）母系大家庭和与之相适应的“阿夏异居婚”

母系家庭在纳人语中称为“依社”，直译是指一个具体的住宅和宅内的成员，他们全都出自一个母系血统。这种家庭的特点是建立婚姻关系的男女各居母系家，男子只是夜晚到情人“阿夏”家居住，清晨返回母亲家生产、生活。家庭成员的血统完全以母系计算，财产按母系继承。在这种母系家庭中，家庭成员全是母系成员，无父系血缘亲属关系。

（二）母系父系并存的双系家庭和“阿夏同居婚”

这种家庭内，既有母系亲属成分，也有父系亲属成分。同居婚是造成双系家庭产生的必备条件。这种婚姻中，男女双方不再是各居母家，而是同居一家。“阿夏同居婚”可以男居女家，也可以女居男家。男居女家，所生子女仍须带女方家名，其亲属关系一律从女方计算。这种男居女方的阿夏同居婚，虽然改变了“阿夏异居婚”的形式，但并不能根本改变阿夏婚母系家庭的性质。女居男方性质就不同了，这实际上是男娶女嫁，只不过没有举行婚礼，其所生的子女须带男方家名，亲属关系按男方计算。这种“阿夏同居婚”不仅改变了“阿夏异居婚”形式，而且在母系家庭中注入了更多的父系成分，使母系家庭的性质发生重大变化，由母系家庭变为母系、父系“双系”家庭。

（三）父系家庭的一夫一妻制

纳人的父系家庭，一般是近几年才从母系家庭中分居出来的小家庭，世系短、人口少，通常只有一对夫妻及子女。

据 1956 年民主改革时的统计，在进行调查的永宁坝 335 户摩梭家户中，父系家庭为 21 户，占调查户数的 6.27%；父系、母系并存家庭 144 户，占调查户数的 42.99%。据 1984 年初统计，在所调查的 551 户纳人中，父系家庭为 212 户，占总调查户数的 38.48%；母系家庭 171 户，占总调查户数的 31.03%；双系家庭 144 户，占总调查户数的 26.13%。在所调查的 551 户女性人口中，生育过的妇女有 745 人，占成年女性人数的 63.25%；生育过的妇女并实行阿夏婚的妇女 393 人，占生育过妇女人数的52.60%。[1]按纳人的历史惯例，母系父系并存的家庭也是以母系为主，因此，在整个永宁纳人社会中，母系家庭仍是主要的家庭形式。

母系家庭以母系血缘为本，所有成员的世系皆从母，男女成员系由一个或几个始祖母的后裔组成。母系血缘是维系家庭的基础，财产按母系继承，由母亲传给子女，舅传给甥和甥女。男子在家中的身份是舅祖、舅舅、兄弟、母亲的儿子或舅舅的外甥。每个母系家庭有一个家长，通常由年长或能干的妇女担任。舅掌礼仪、母掌财产是家庭权力分工的形式。由于这种家庭的全部成员都是母系血亲关系，属于一个亲族，不存在父子、婆媳、翁婿、姑嫂、妯娌等关系，无外姓，关系单纯，财产属于大家庭所有，很少发生争财产、闹分家的纠纷，家庭和睦团结。此外还有如下优点：婚姻自由；少有所托、老有所养、残有所依的好

---

① 《宁蒗彝族自治县志》，云南民族出版社1993年版，第189页。

传统，因此社会负担轻；人口增长稳定，并趋于缓慢；家庭财产不分流，易于集中使用。

由于纳人母系制是与该民族的心理、传统文化等有密切的联系，在纳人的社区中，不断显现出它存在和发展的合理性。因此，与数年前相比，现在宁蒗县永宁纳人的母系制家庭有增长的趋势，比如，据笔者主持的一个课题的社区抽样调查，直至1999年，永宁乡泥鳅沟行政村八珠村仍较为完整地保存着摩梭人的母系大家庭和阿夏婚姻。八珠村共72户家庭397人，其中摩梭人40户242人、普米族16户77人、汉族16户76人、彝族与傈僳族各1人。在242名摩梭人中，有婚史人数134人，其中有71人为异居婚（走婚），占有婚史人数的52.99%；43人为同居婚，占有婚史人数的32.09%；20人为一夫一妻制，占有婚史人数的14.93%。[①]

① 王文光、李晓斌、陈斌：《永宁乡八珠村摩梭母系文化调查》，载杨福泉主编《滇西北保护与发展行动计划·文化模块·丽江项目区总报告》。

在纳人社会，“母亲”是一种尊严和高贵的象征，凡是大和神圣的事物，都与“母”这一词汇有着密切的关系，如神圣的泸沽湖和格姆山，被称为母亲湖和女神山。火塘和祭祖、祭神灵的神龛所在的家宅的中心房子被称为“日咪”，为“母屋”之意。这与丽江“纳喜”[①]人的称呼是一样的，纳西人亦称祖房为“金美”，意为“母屋”“母房”。

古代重女性、重母性的文化特征也反映在丽江“纳喜”和永宁纳人的语言中。两种语言中皆以“女”为大，以“母”为大，以“子”为小。如对祖房、大房，“纳喜语”称为“金美”，纳日语称为“日咪”，都是“女房”“母房”的意思。大树称“孜美”，即“女树”“母树”。大竹篮称“寇美”（“纳喜”）或“卡米”（纳人），即“女篮”“母篮”。

此外，从丽江“纳喜”人、今香格里拉三坝纳罕人和永宁纳人这几个不同的纳西族支系的创世故事中，也可以看出纳西族过去“重母”“重女”

① 参看第217页注释①。

的文化特点。

流传于丽江等地“纳喜”、纳罕等纳西族支系并记载在东巴经中创世神话说，纳西先祖崇仁利恩来到梅花正盛开的黑白交界处，在这里碰到了也下来寻找情侣的天神之女衬红褒白咪，两人一见倾心。天神不喜欢俗世之人，准备把崇仁利恩杀掉。衬红褒白咪想方设法帮助崇仁利恩脱险。在衬红褒白咪的帮助下，崇仁利恩过了难关，最后使天神不得不将女儿嫁给了崇仁利恩。他们后来生了三个儿子，大儿子后来成为藏族，二儿子成为纳西族，三儿子成为白族。

流传于纳人中的创世神话的情节与上述故事大多相同。纳人男子措支鲁依（崇仁利恩的异读）在洪水后孤身一人，后来碰到了神女彩虹（衬红的异读），两人一见钟情，暗结伉俪。但此事被彩虹的父亲发现，他认为彩虹在天上丰衣足食，不应下凡受苦，便对措支鲁依若百般刁难，要他一天内砍掉九座山上的树林，然后把砍掉的树林彻底烧毁，并于烧毁的土地上播种。彩虹知道措支鲁依无法胜任，遂暗施法术完成艰巨重任。彩虹的母亲同样刁难措支鲁依，要他去挤老虎奶。措支鲁依只好求助于彩虹，彩虹教他先打死小老虎，披上老虎皮装成虎崽吃奶，完成了这艰巨的任务。后来彩虹的父母同意让他们两个结为伴侣，并让彩虹带着五谷种子和牲畜到人间生活。

流传于“纳喜”人中的这个创世神话是祭天仪式上必须由东巴咏唱的圣典。祭天是纳西族相沿甚久的一种古俗，也是东巴教最重要的一个大仪式，列在众多仪式之首。后来祭天仪式演变为纳西族民间最大的节日。纳西族人自称“纳西莫比若”，意为“纳西是祭天的人”，以祭天作为本民族的主要特征，可见祭天在纳西人心目中的神圣地位。而纳西族的各个祭天派都祭祀神话中纳西族始祖母衬红褒白咪的父母——天神子劳阿普夫妇。

从上述两个版本的同一故事中，可以看出，“纳喜”、纳罕和纳人这 3 个纳西族的支系皆把人类的起源归因于妇女，皆共同尊崇一个女始祖。他们皆把女性始祖视为天神后裔，而男祖却是凡人，是“女神男俗、女神男人”[1]的二元结构。在这个“纳喜”人和纳人皆视为最重要的民族经典的创世故事中，女性不仅被视为生命之源，也被视为智慧、力量的化身，农业生产的创造者。

二、神秘的“走访”

在永宁乡，每当夜幕降临，你就会看到一个奇特的景象，在田野阡陌和乡村的道路上，男子在独自匆匆地走着。这些男子是应约去自己的情人家与她相会。无论是风和月明、星光灿烂，还是风雨交加、霜冷雪寒，他们都要以这种“走”的方式去往情人家里幽会，翌日凌晨即匆匆返回自己生活的母亲家里，风里雨里，朝朝暮暮，为一个“情”字而不辞辛苦地奔波，这就是纳人著名的婚恋习俗——“走访婚”。

纳人这种与母系家庭相应的性爱婚姻形式，

---

① 关于“女神男俗、女神男人”的提法，参见翁乃群：《女源男流：从象征意义论川滇边境中社会性别的结构体系》，《民族研究》1996年4期。

学术界一般称为"阿夏走访婚"，或"阿夏异居婚"，"阿夏"是纳人男子对女情人的称呼，而女子称呼自己的男情人是"阿都"。"阿夏"走访婚的基本形式是男不娶女不嫁，相恋钟情者互送信定情。情侣双方都终身生活在母亲家里，男子在夜间到情侣家过偶居生活，次日黎明即返回自己的母亲家里。男女缔结"阿夏"关系要遵守传统习俗，只有不属于同一母系血缘的成年男女才能建立这种关系，"阿夏"所生的子女随母，血统也随母系。纳人语中，这种"暮合晨离"的性爱关系称为"色色"，有"走来走去"的意思。[①]这很形象地反映出了男子踏月色、披星光去走访情人的"走婚"性质。"走访婚"有两种方式：一种是秘密走访，一种是公开走访。情侣开始时的走访大多是在保密的状态下进行的。到两人的关系已经相当融洽、依恋，便从秘密状态过渡到公开。这之后，男子就不再回避情人家的男性成员。可以从过去隐秘

① 拉木·嘎吐萨：《走进女儿国》，云南美术出版社1998年版。

的黑夜私访到公开地到女子的家里，在设有火塘的母房里与情人的家人会面，聊天，俨然如这一家的家庭成员。平时或农忙季节，“走访婚”公开化了的男子还会到女方家里帮忙。

在纳人的这种走访婚习俗中，缔结“阿夏”情侣关系完全建立在男女的感情、爱情上，性关系的建立和终止都完全取决于当事人的自由意志。两人所生的子女将留在女子的家里，成为母系家庭的一员，血统将随母系。

纳人这种母系社会重女性的特点使他们对女神特别尊崇。纳人认为泸沽湖畔雄伟的格姆山是永宁女神——格姆的化身。格姆山不仅主宰着本地区的人口兴衰、庄稼和牲畜的丰收，而且还司掌着妇女的健美和生育。她美丽非凡，使各地的男山神神魂颠倒。她没有丈夫，和永宁的纳人一样过着男不娶、女不嫁的自由偶居生活。每年农历7月25日，纳人都隆重地过朝拜格姆女神的“转山节”。女神“阿夏婚”的传说使纳人在宗教领域中找到了他们婚恋习俗的依据，促成了这一独特风情民俗的发展。

泸沽湖地区纳人的母系制和“走访”婚俗，是人类家庭史、婚姻史上的奇观，是人类社会和文化百花园中独一无二的人文景观。纳人的母系制和“走访婚”有重大的学术价值，是一种非常独特的家庭与婚姻形式。

有的学者认为摩梭的母系制文化，在一定程度上能妥善处理当今社会的六大难题：老人不受尊重、被遗弃，以及现代人面对衰老和孤独的焦虑；两性在社会地位、感情空间方面的权利不均；现代人在性魅力上的沉重压力和在亲密关系里的占有与矛盾；性骚扰、强奸等性犯罪以及偷窃拐骗、打家劫舍、杀人放火等犯罪行为；现代社会人际疏离、自我偏执、心灵空虚；婆媳、妯娌、亲子、兄弟姐妹之间的家庭纠纷与矛盾。[1]

此外，纳人的母系制文化在增强家庭和社会群体的凝聚力、制约个人占有欲的恶性膨胀等方

① 周华山：《无父无夫的国度？——重女不轻男的母系摩梭》，光明日报出版社2001年版。

面都有非常突出的功能。

纳人的母系制文化比起世界上其他地方存在的母系文化遗迹有着截然不同的特点。印度、厄瓜多尔等地族裔中曾存在过的母系文化，大多已只见于史料，残存于民间的母系制意识，也与摩梭的母系制文化很不相同。摩梭母系制文化，无论是从历史到现状、还是社会发育、家庭结构、婚姻模式、氏族集团、风俗礼仪都自成一体，比较完整。1994 年，联合国教科文组织（UNESCO）的一个发展项目曾把永宁落水村选为全球 50 个“模范社区”之一，其关键原因正是纳人独特的母系制和贯穿在整个社会中的尊崇母亲、重女不轻男、家庭生活和睦、社区生活和谐等文化特色。

一个充满亲情和浪漫爱情的高原山乡，如同一首古老的天外牧歌，给如今喧嚣浮华的尘世增添了一缕缕的诗意与温情。

第六章　当代纳西文化与旅游的互动发展

自20世纪80年代以来的社会文化建设事业的蓬勃发展

1992 年，改革开放的总设计师邓小平发表南方谈话，神州大地春风化雨，春潮涌动，掀起了进一步解放思想、实事求是、扩大改革开放的浪潮。丽江的干部群众抓住机遇、解放思想，实事求是地审视分析丽江的发展之路，破除保守思想的束缚，以及墨守成规、照搬书本或外地经验的僵化观念，开始探索走一条坚持从丽江实际出发，建设有丽江特色的社会和经济发展的道路。

1994 年，云南省政府在丽江召开了滇西北旅游规划现场办公会议，明智决策，提出了“发展大理、开发丽江、带动迪庆、启动怒江”的发展思路，这是一个决定丽江今后发展道路的重要历史契机。会议达成丽江走“旅游先导”的优势特色发展道路的共识和坚定了信心，加快了对外开放、推动旅游发展和民族文化的保护、弘扬的步伐。此后，丽江乘势而上、顺势而为，把旅游业作为主导产业，逐步打造成旅游精品胜地，支撑和带动了全市经济社会快速发展。

明智的观念，催生了活跃的思路；活跃的思路，拓宽了丽江的发展之路，也极大地促进了丽江的文化事业和教育事业。

一、纳西族文化的发展繁荣

1981 年 4 月，经云南省委正式发文批准，成立了云南省社会科学院丽江东巴文化研究室，1991 年升格为研究所，2004 年更名为云南省社会科学院丽江分院暨丽江东巴文化研究院。东巴文化研究院收藏东巴经 2000 册、文物 200 多件、图书 10000 多册。在 20 多年时间里，经 10 多个研究人员、10 个东巴的努力，整理翻译 1000 多册东巴经。经过分类，除去重本，汇编成“四对照”（原文、记音、对译、意译）100卷的《纳西东巴古籍译注全集》，作为国家“九五”重点出版工程，也成为云南省最大的少数民族古籍出版工程。《纳西东巴古籍译注全集》于1999—2000年正式出版，并在2001年11月荣获第五届国家图书奖（荣誉奖）。

东巴文化研究院从2000年开始开展东巴传人培养的工作。2001—2003年，由纳西族学者、时任云南省社会科学院副院长杨福泉博士主持、该院丽江分院即东巴文化研究院参与，实施了“纳西族文化传人培养”项目。该项目所培养的几个东巴都已掌握了东巴文化的一些难度较大的知识，在2003年和2004年，项目所培养的青年东巴和秀东还应邀到美国华盛顿州立大学以及中国台湾等地开展纳西族传统文化的教学和交流工作，为传播纳西族传统文化做出了重要贡献。

2002年，经云南省教育厅批准，东巴文化研究院与云南民族大学民族文化学院共同开办“纳西族语言文学和东巴文化方向”本科班，东巴文化研究院承担了专业课程的教材编写和授课任务。云南民族大学实践教学基地在东巴文化研究院挂牌。另外，丽江向世界银行争取文化贷款3000多万元人民币重建木府，使曾被明代著名旅行家徐霞客誉为“宫室之丽，拟于王者”的木府成了丽江古城著名的文化旅游景点。此举也开创了利用世行贷款保护历史文物古迹的先河。

1984年成立的丽江纳西族自治县博物馆（今丽江市博物院）是云南省建馆历史最早的综合性民族博物馆之一。博物馆建成近30年来，成为全国知名的地方博物馆。该院是云南省爱国主义教育基地，曾荣获“全国十大地县级优秀博物馆”和“全国文化先进集体”的光荣称号。

二、丽江成为“三个世界遗产地”，促进了地方的发展

1986年12月，国务院将丽江列为国家历史文化名城；1997年12月4日，联合国教科文组织授予丽江古城“世界文化遗产”的称号；2003年7

月 2 日，第 27 届世界遗产大会正式表决通过云南“三江（金沙江、澜沧江、怒江）并流”列入“世界自然遗产”名录；2003 年 10 月 15 日，丽江收藏的东巴古籍被联合国教科文组织列入“世界记忆名录”。纳西族聚居的丽江市成为中国获得三项联合国教科文组织颁发的世界级桂冠的地区。

丽江还创造性地推出了“纳西古乐”“丽水金沙”等获得人们欢迎的文化演艺精品。“大研纳西古乐队”先后应邀到 30 多个国家演出。丽江以纳西族为主体的多民族文化还吸引了国内外很多著名艺术家来丽江进行艺术创作，推出了如张艺谋编导的《千里走单骑》、大型实景歌舞剧《印象·丽江》之“雪山篇”和英国电影艺术家拍摄的纪录片《云之南》等一批在国内外有影响的影视歌舞精品。

三、在国内外有广泛影响的纳西学研究[①]

中华人民共和国成立后，纳西族的社会、经济、

① 此部分参考了郭大烈、杨福泉：《近期纳西族研究述评》，载杨福泉主编《纳西学论集》（第一辑），云南人民出版社 2009 年版。

文化教育等发生了很大的变化，特别是在中国共产党十一届三中全会实施改革开放的国策以后，纳西族在各个方面更得到了长足的发展。

自改革开放以来，纳西族实行的是一种“文化促经济”的发展模式。自20世纪80年代以来，在纳西族一批有识之士和学者们的推动下，国内外对纳西族文化的研究逐渐升温。纳西族文化在国内外的知名度不断提高，纳西学逐渐成为一门显学。

自20世纪80年代以来，随着中国的改革开放，中国学者和国外学者合作研究纳西学成为一大亮点，所涉及的领域也不断拓展。在1983年至1988年期间，笔者曾与德国科隆大学的雅纳特（K·L·Janert）教授在当代纳西语言文献领域里的合作，推出了《现代纳西文稿及其语法分析》等纳西研究论著。20世纪80年代白庚胜博士与日本学者在神话学、民俗学方面的合作研究也开了纳西本土学者与日本学者合作研究之先例。

自20世纪90年代以来，纳西族学者和国内外学者撰写的纳西学研究论著就有数百种。据不完全统计，美国、德国、法国、英国、加拿大、澳大利亚、意大利、日本等国以纳西研究为博士论文研究主题的青年学者就有十多位。

此外，“纳西古乐”也已经成为一个国内外闻名遐迩的文化品牌。“纳西古乐”一词正式出现于20世纪80年代之后，主要有丽江洞经音乐、“白沙细乐”和民间歌舞“热美磋”等艺术形式。“纳西古乐”它在特定的历史时期和社会发展阶段逐渐形成的一个当代纳西族艺术品牌。自从20世纪90年代以来，丽江大研古乐团应邀先后到北京、上海、南京、天津、香港、台湾等地区以及英国、挪威、法国、德国、英国、意大利、美国、西班牙、瑞士、丹麦、芬兰、爱沙尼亚、日本数十个国家演出，取得了巨大的成功和反响。

四、文化遗产、民族文化的保护与传承

在全球一体化和工业化的浪潮中，世界上许多民族的传统文化正在不断消亡。独具个性的丽江民族文化对于中华文化和世界文明的价值和意

义更加明显，对以旅游经济为支柱产业的丽江经济发展也至关重要。历经岁月的剥蚀和外来各种文化的冲击，丽江纳西族的传统文化也面临着严重的生存和传承的危机，为保持丽江作为世界文化名城的可持续魅力，为丽江旅游和民族文化产业的可持续发展打牢根基，纳西族地区的各级党委、政府积极主动地承担起唤醒民族文化保护意识的责任，大力宣传“拥有一种民族文化就拥有一个世界”的新观念，使丽江各族人民懂得保护民族文化与保护我们的民族自尊心、民族自豪感血肉相连；并解放思想，出台各种保护民族文化的政策和多样化的鼓励措施，健全丽江多民族文化保护和传承机制。

五、将文化遗产和民族文化的保护逐步实现法制化、规范化

根据遗产经济学的理论，利用文化遗产向全社会提供各种文化教育和文化消费服务，不仅有利于提高人类社会的生活质量，同时还能提高社会就业率、国民收入，促进经济发展和社会和谐，世界遗产的经济和教育功能，开辟了文化遗产为国家和地区的经济发展和社会和谐。民族团结的途径。

2005年12月2日，《云南省丽江古城保护条例》在云南省第十届人大常委会第十九次会议上审议通过，并于2006年3月1日起正式施行。除了丽江古城等世界遗产地的立法保护之外，丽江市对东巴文化等民间文化也走出立法保护的第一步。丽江在2001年6月28日出台《云南省丽江纳西族自治县东巴文化保护条例》，2006年1月1日云南省人大常委会颁布了《云南省纳西族东巴文化保护条例》。这些法规的颁布，为纳西族东巴文化的保护和传承提供了法律保障，使东巴文化的保护和传承步入了法制化的轨道。[1]

六、世界文化遗产丽江古城的保护

城市类型的遗产保护管理是全世界面临的共同难题。丽江古城是以完整古城、原驻民文化

① 2018年，云南省人大常委会对该条例进行修订。

和生态空间的交互相融形式被列入《世界遗产名录》的。它不同于历史遗迹、博物馆、封闭式城堡等文化遗产，对其保护，有相当的难度，特别是非物质文化遗产的保护难度更大。自 1997 年 12 月 4 日丽江古城获得世界文化遗产荣誉以来，丽江的干部群众付出大量的努力，积累了珍贵的经验。

丽江古城获得世界文化遗产后，丽江市在世界遗产的保护、监测、管理、利用等方面取得了世人瞩目的成果。

（一）建立健全保护法规和保护机构

颁布实施了《云南省丽江古城保护条例》，把古城保护纳入了法制化的轨道。2005 年，随着形势的发展，依照《云南省丽江古城保护条例》的规定，成立了世界文化遗产丽江古城保护管理局，把原来的议事协调机构职能调整充实为市政府的工作部门。通过 5 年多来不断的探索和总结，在市直和区县的大力支持下，一种“多级联动、合理分工、协调配合、荣辱与共”的管理模式正在逐步形成。

（二）加大投入，改善古城基础设施和环境质量

从1996年到2007年，累计投入9.8亿元资金用于保护古城。实施了木府恢复重建，丽江军分区、武警丽江支队整体搬迁，黑龙潭公园扩建，玉河广场三线入地，铺设五花彩石路面，排污及绿化、亮化工程等保护性基础设施建设项目。大力弘扬传统民族文化，努力恢复古城的原生态，采取各种有效措施保持丽江古城特有民族文化的原真性。

丽江还努力在文化遗产保护、旅游产业开发和农民脱贫致富三者之间找准结合点，创造性地开展工作，形成了被中央电视台列为“2004中国经验”的束河古镇保护开发模式。2007年10月，丽江古城遗产保护项目又荣获“联合国教科文组织亚太地区2007年遗产保护优秀奖”。

丽江实施了以人为本、有利于古城文化的保护与古城原住民生活的一系列措施和做法。

比如出台对古城内住房困难的居民户优先给予安排廉租公房的利民政策。特别是，认真履行与美国全球遗产基金会（Global Heritage Fund）签署的《丽江古城传统民居修复协议》，共同出资231.14万元以完成具有历史文化保护价值的299户传统民居、236个院落的恢复性修缮工作，极大提高了古城原住居民生活质量，对有效留住古城原驻居民起来积极的作用。这种“由政府和遗产基金会提供补助，让原驻居民对丽江古城完成的极具原真性的民居保护和修复”措施得到专家们的肯定和赞扬，认为这种方法为原住居民和政府之间的合作，与国内外专家、捐助者的支持，搭建了一个更宽广、更坚实的遗产保护基础。

（三）大力促进古城本土文化的保护和传承

在不断加强基础设施建设、创造良好的古城人居环境和旅游环境的同时，丽江市政府还积极探索加强民族文化保护的新路子，加强对东巴文化、纳西古乐、民间工艺、传统服饰、节庆习俗的收集、整理、保护和传承；实施了文化名人回落古城项目，形成了一批以方国瑜故居、和志刚书斋、东巴纸坊等为代表的民族文化示范窗口，营造了良好的人文环境。在公共场所表演民族打跳、演唱民族音乐，展示纳西前店后坊的手工艺品的制造过程，重游茶马古道等。一方面分别在大研古城、白沙、束河古镇，实施与“美国全球遗产基金会”合作的民居修缮工程；另一方面，组织古城居民对破损的建筑物进行统一改造。从2008 年起，每年古城区和古城保护管理局安排1000 万元专项资金，用于丽江古城纳西族传统民族文化的挖掘、整理、传承和展示等保护工作，共安排了 17 个院落被安排来展示纳西族丰富多彩的传统文化。恢复重建或新建了丽江古城内王家庄基督教堂、顾彼得故居、方国瑜故居、周霖纪念馆、王丕震纪念馆、雪山书院、和志刚书斋、纳西服饰文化展示馆、纳西文化传习馆、民族文化主题展馆、东巴文化展示馆、东巴造纸坊、手道丽江、民间手工艺术馆、纳西人家院落，展示古城诗联石碑的“文萃园”等历史文化遗存及民族文化示范窗口。同时进行丽江古城流官府、文庙、武庙等历史文化遗存的恢复重建工作。在古城内恢复了古城茶马古道马帮景观、河水冲洗街道、放河灯、广场民族打跳、文艺表演等传统民俗活动以及组织开展三朵节、棒棒会、元宵节、火把节、中秋节等丰富多彩的民俗文化活动。

在古城申报世界文化遗产过程中，政府曾经向联合国教科文组织郑重承诺，逐步拆除古城内外与古城风貌不相协调的建筑物，恢复历史建筑。“木府”就是恢复重建的成功典范。

七、束河的保护和发展模式

丽江还创造了被称为“2004 中国经验”的束河古镇保护开发模式。它的“古村落保护和开发新区”分开实施的“分区制”模式，也得到了国内外专家的肯定和好评。束河成功的原因之一就是保持了“分区制”的格局，既拓展传统古村落基础上的古镇、建盖不少小桥流水青瓦白墙的纳西民居式建筑，又保留了村落的田园风光和村民传统的日常生活格局，旅人在这里可以看到纳西农民真实的日常生活。所以，束河古村落的文化保护，关键也就在于如何保留住这一片农家生活情调与田园风光以及传统的纳西民俗。

“束河模式”还做到了以人为本，让本地居民获利。束河按照“四个一部分”的办法，多方安置就业岗位，共解决了 326 个失去部分土地的农民的就业问题。其中，安排保安 153 人、环卫绿化工人 95 人、厨师及酒店服务 11 人、导游及其他工作 67 人。积极引导和鼓励失地农民投身旅游业，使古镇居民成为旅游业的参与者和受益者。目前，已有 60 多户本地居民从事旅游餐饮业，其中 40 多户有明显效益；已有 150 多户本地居民出租自家房屋参与商铺经营，仅此一项的每年纯收入就达 700 多万元。通过古镇的开发，不仅当地经济得到发展、生活得到改善，而且带动了丽江周边大理、迪庆等地的部分民众参与到束河古镇的旅游服务业中，并且产生了较好的经济效益。[①]

据另一项调研报告的数据，束河的交通运输业也已成为一项产业。农民购买出租车63辆，每辆车平均每天纯收入100多元；购买200多匹马用于旅游服务，在景区内统一游路和价格，每天100匹马出工，平均每匹马收入500元。2002年束河劳动力2041人，从事农业劳力1918人，占93.97%；其他产业123人，占6.03%。而到2006年，劳动力2269人，从事农业的929人，占40.94%；从事建筑和旅游的1340人，占59.06%。居民人均年收入从2002年的800元上升到2005年的4000多元。[②]

八、多元的文化保护培训和传承方式

丽江在民族文化的保护和发展方面有一个很可贵的经验，就是解放思想、采取多元化的保护

---

① 和文平、王文学：《束河古镇开发建设成效及其典型经验探析》，载《丽江日报》2007年3月8日。

② 张信：《丽江束河：保护与发展的典范》，载《影响力》2006年第9期。

和传承方式，即政府扶持，地方文化人士、民间人士和文化产业企业共同培训乡土艺术人才；多渠道融资，借助各方人士开展国际项目，推动民间文化传承和乡土文化的传播与教育等。

（一）政府支持下的民族文化培训和教学

丽江市各级政府大力支持文化遗产保护和文化传人培养工作，并采取各种措施实施。比如，自1999年以来，在丽江各级政府的支持和推动下，逐渐在纳西族地区的小学、初中、高中试点，对纳西优秀传统文化的知识传承。

1984年7月，丽江纳西族自治县博物馆成立，对外称丽江县东巴文化博物馆，1999年7月正名。博物馆自成立以来，积极收集纳西族历史文物，承办东巴文化展馆，创办东巴文化学校，先后办了五期短训班共培训100人。2008年，丽江市政府还组织在丽江师专举办了为期三个月的“东巴文化保护传承强化训练班”，培训分为公共课目培训和传承实践培训两部分，公共课目培训包括教授东巴文化的基础理论研究成果和基本内容介绍，邀请丽江和省内外知名专家教授讲授东巴文化基础知识。传承实践培训中，邀请丽江多年从事东巴文化传承实践的专家和东巴讲授传承经验，与学员互动学习，共同探讨东巴文化传承方法，制定行动计划；同时邀请丽江境内的一些东巴现场传授东巴文化的经典艺术。这次培训的学员共80人，分别来自丽江市古城区、玉龙县、宁蒗县，迪庆州香格里拉市以及四川省木里县等，都是活跃在纳西族社区第一线有志于传承东巴文化的优秀东巴或中小学东巴文化教师。他们为保护传承东巴文化做了扎实的基础工作。

迪庆藏族自治州香格里拉市三坝纳西族乡是纳西族东巴文化的圣地，这里的纳西东巴象形文、东巴画、东巴舞、纳西服饰、东巴吟唱调、民情风俗等都独具一格。党的十一届三中全会以后，三坝乡文化站发掘、抢救、收集、整理东巴文化古籍，调研本乡的渣日岩画、木圣土村岩画，传承和推动东巴造纸、织麻布等传统技艺方面做了很多努力，取得突出成果，因而曾受到国家文化部（今文化和旅游部）的表彰。本地老东巴和志本已被授予“国家级非物质文化遗产传承人”称号。

（二）民间自发组织的民族文化保护传承

自1996年丽江大地震以来，纳西族地区、民间自发地组建了一批东巴文化传承组织，自觉地开展东巴文化传承活动，在纳西族地区掀起东巴文化传承的热潮。据统计，从1996年到2006年，民间有14个传承组织在开展东巴文化传承活动，此外还有许多以“白沙细乐”、热美歌舞、洞经音乐和勒巴舞为内容进行传承保护活动的民间组织。比如，在20世纪80年代和90年代初，丽江纳西族自治县塔城乡署明村，当地著名东巴和顺、和训两兄弟大力利用村里还保留得比较完整的民俗活动体系，恢复了很多“文化大革命”中消失的东巴仪式活动，而且带动了不少年轻人学习东巴文化知识。这个项目后来获得了云南省社会科学院、东巴文化研究院和丽江市文化局等不同渠道的大力支持，培养出了和秀东等优秀的青年东巴。

此外，宝山乡的悟母村也在1998年开始自发的东巴文化传习活动，每年组织发动村民举行传统的祭天、祭署等仪式。

迪庆州香格里拉市三坝纳西族乡吴树湾村的教师和树荣自筹经费，在村里创办了东巴传承学校，迄今已经坚持了10余年，培养出了17位有较高造诣的东巴学生。

九、大力推动多渠道的国际文化交流和国际项目

丽江市委、市政府除了通过政府渠道，大力展开国际性的文化交流外，还充分利用在外面工作的丽江文化人士的努力，积极推动国际学术交流。自20世纪90年代以来，和各个国家的教学和学术机构合作，先后在国外举办了多种纳西文化的学术讨论会和展览。其中，如1997年12月4日至1998年5月15日在瑞士举办、为期半年的首次纳西东巴文化展，2003年在美国华盛顿州惠特曼学院举办的为期一年的“亚洲文化教育——纳西文化年”，开设《纳西族的文化艺术》等课程，进行纳西本土书法绘画的巡回展以及在加拿大、法国、意大利等地举办的有关纳西文化的展览和学术会议。

在符合我国现行法规政策的前提下，争取国外渠道的资金支持，开展本土文化保护的项目，既促进了保护民族文化、培养文化传人的工作，又借助国际项目扩大了丽江文化在国际上的知名度。比如由笔者主持，东巴文化研究院、玉龙县民委、教育局等参与引进国际扶持资金的“丽江东巴文化传人和‘白沙细乐’乐手的培养”“丽江市玉龙纳西族自治县白沙乡白沙完小乡土知识教育的实践”“丽江少数民族妇女传统手工艺培训”等项目，取得了很好的效果，在国内外都产生了比较大的影响。其中，“丽江市玉龙纳西族自治县白沙乡白沙完小乡土知识教育的实践”项目，被中央电视台拍成了专题片《学校在文化多样性传承中的作用》，产生了良好的社会影响。如新华社等多家媒体对这个项目进行了报道；2009 年 4 月 29 日《中国青年报》的“冰点”专栏的长文——

《找回“家”“国”的支点》，对玉龙县白沙完小的教育项目也进行了高度的评介。

此外，在20世纪90年代，由云南省社会科学院和丽江县政府牵头，与国际山地协会、美国加州大学戴维斯分校合作的“中国丽江玉龙山农村发展和生态环境保护”项目，由云南省社会科学院和丽江县政府牵头，与加拿大西蒙菲莎大学合作进行的“云南丽江‘工合’的历史演变和发展前景”项目以及与美国大自然保护协会（TNC）合作展开的生物和文化多样性保护示范项目等，对提高丽江文化在国外的知名度以及建成一些乡村生态文化旅游合作社等，起了重要的作用。

十、民族文化与旅游的融合互动

自改革开放40多年以来，民族文化与旅游的融合互动形成了丽江纳西族地区发展中的一大突出特色。丽江的旅游是一种壮丽山川和民族文化相得益彰的生态文化旅游。如丽江玉水寨、东巴谷等都成为在云南旅游界和文化产业界有较大影响的民族文化与旅游互动的实体。丽江束河古镇的纳西民俗文化风情、泸沽湖地区的摩梭人民俗风情等的民俗文化，都成为国内外有较高知名度的文化旅游景区。

在丽江市的经济总量上，文化产业已成为新的经济增长点。全市文化产业增加值已从 2006 年的 6.6 亿元增加到 2011 年的 20.1 亿元，占国民经济总产值的 11.3%，居全省首位，并连续 3 年（2009—2011 年）被评为“全国文化体制改革先进地区”。[①]

除了上面讲到的束河古镇之外，丽江市玉龙县文化旅游名村也是文化旅游融合做得很好的村子之一。自 20 世纪 80 年代初以来，玉湖村的环境恶化日益突出，由于贫困而又没有找到合适的发展之路，玉湖村成了远近闻名的乱砍滥伐村。本来民风很好的一个纳西人的“文化名村”，就

① 根据 2014 年 1 月笔者在丽江调研时由丽江市文广局提供的资料。

逐渐变成了远近闻名的难治理的村子。[1] 2004 年之后，玉湖村新的村党支部和村委会对全村的今后发展道路进行了认真的思考和分析，认为玉湖村应走保护资源，充分利用自然和文化资源来发展旅游，促进村子发展的道路。利用玉湖村位于玉龙雪山脚下、与玉龙雪山浑然一体形成独特的人文景观的特点，与蓬勃发展的丽江旅游大市场对接，发展山村生态旅游，以达到保护玉龙雪山生态资源、富村富民的目的。丽江市玉湖村建构了“党支部+合作社”的模式，引领村民发展旅游，按照“资源共有、利益共享、人人参与、户户受益”的原则，成立了玉湖生态旅游合作社，制定了《玉湖村旅游合作社章程》。由村里的旅游合作社统一安排，由村民提供马匹，并牵马兼导游，以户口为单位，按户轮流服务，维护良好的旅游秩序。在“党支部+合作社”统一调度和安排下，群众

① 参看杨福泉：《丽江名村：玉湖村的跟踪调研和启示》，载杨福泉等著《云南名镇名村的保护和发展研究》，中国书籍出版社 2010 年版，第 332—344 页。

以户为单位，按照马匹编号，轮流参与。合作社还为马夫、售票员、讲解员、游客买了人身保险，为在服务中受伤的马匹一次补助农户 200 元治疗费，对在旅游过程中意外死亡的马匹一次补助农户 500 元；在服务保障上，开设了游客休息室、服务热线、投诉电话、游客服务满意度测评等。玉湖村还利用旅游发展获得的经济收入发展集体事业。现在的玉湖纳西族村公路入户率达 95%，新农村合作医疗参保率达 91%，新型农村养老保险参与率达 100%，小学生入学率达 100%；有一个村级卫生室和 1 个文化活动室；有 60% 以上的农户购买了现代化交通工具；家家户户都有了自来水；电视广播入户率达 100%。

旅游与文化的互动，保护和利用了玉湖村的文化遗产资源，使之造福于民。同时，也促进了本地生态环境的保护和改善。村里采取农户荒地入股、按股分红，合作社提供苗木、管理经营、适当提成的方式，联片发展了 5000 多亩核桃、1500 亩雪桃等林果基地，形成了一批新的林果基地，壮大了集体经济，促进了农民增收。到2013年，全村退耕还林1331亩、植树造林2000多亩。另外，还进一步保护好2800亩森林保护区和2300亩水源涵养林，利用全村30000多亩的草地和草坡，大力发展牛羊养殖业。①

自1994年以来，丽江纳西族地区的旅游得到迅猛的发展，以2002年、2004年和2005年为例，来丽江的海内外旅客达到337.5万人次，旅游综合收入达24.3亿元，其中外汇收入达4140.6万美元，增幅35.6%，旅游业总收入占到丽江地区生产总值的47%。2004年接待海内外游客360.18万人次，比上年增长19.47%。其中，海外游客9.21万人次，比上年增长11.76%；国内游客350.97万人次，比上年增长19.69%。实现旅游总收入31.76亿元，增长32.11%。其中，旅游外汇收入2662.53万美元，增长17.47%；国内旅游收入29.54亿元，增长33.36%。2005年，

① 以上数据来源于2013年笔者参与的“民族团结进步，边疆繁荣稳定示范区调查”和玉龙县政府提供的资料。

丽江市接待游客 404.23 万人次，旅游总收入 38.58 亿元。[①]

2012—2017 年，丽江旅游业发展势头良好，旅游人数不断增长，六年年均复合增长率达 20.54%，到 2017 年旅游总人数突破 4000 万人次，同比增长 15.61%。在旅游收入方面，同年，丽江旅游收入年均复合增长率高达 31.23%，旅游收入 821.9 亿元，相比 2012 年的 211.21 亿元，增长近 4 倍。[②]

---

① 根据“中国丽江”丽江政务网站公布的数据以及其他相关资料。

② 中商产业研究院：《2017 年丽江市旅游人数突破 4000 万人旅游收入同比增长 35%》（附图表）。